RICHE

ET

JEUNE

En 5 étapes

Débloquer les secrets pour bâtir la richesse et le succès tôt dans la vie

Bien que toutes les précautions aient été prises dans la préparation de ce livre, l'éditeur n'assume aucune responsabilité pour les erreurs ou omissions, ou pour les dommages résultant de l'utilisation des informations contenues dans le présent document.

RICHE ET JEUNE En 5 étapes
Première édition 22 avril 2024
Droit d'auteur © 2024 Walid Mahroum

Introduction

Bienvenue à Riche et Jeune un guide pour atteindre la réussite financière à un jeune âge. Ce livre s'adresse à tous ceux qui en ont assez d'attendre d'être plus âgés pour créer la vie qu'ils veulent, et qui sont prêts à prendre le contrôle de leur avenir financier dès maintenant.

Vous êtes peut-être un étudiant, un récent diplômé ou simplement quelqu'un qui a toujours eu l'impression que la réussite financière était hors de portée. Vous pourriez avoir l'impression de ne pas avoir les bonnes connexions, ou la bonne éducation, ou la bonne expérience pour y arriver. Mais je suis ici pour vous dire que rien de tout cela n'a d'importance.

Dans Riche et Jeune, je partage des conseils pratiques et des idées d'experts pour vous aider à atteindre votre succès financier.

Dans ce livre, je vais vous montrer qu'il est possible de créer de la richesse et de créer la vie que vous voulez à tout âge - tant que vous êtes prêt à mettre dans le travail.

Riche et Jeune est un guide pratique qui vous donnera les outils et les connaissances dont vous avez besoin pour commencer à construire votre propre richesse aujourd'hui. Je partage des idées et des conseils d'experts sur des sujets tels que l'investissement, l'établissement d'un budget, l'entrepreneuriat, « Astuces et astuces » et plus encore, tous adaptés spécifiquement aux jeunes.

Vous apprendrez à identifier vos forces et vos passions, et à les transformer en entreprises rentables. Vous découvrirez les secrets d'un investissement réussi et comment faire en sorte que votre argent fonctionne pour vous. Et vous apprendrez à surmonter les défis et les obstacles communs auxquels les jeunes sont confrontés lorsqu'ils tentent d'atteindre la réussite financière.

Riche et Jeune consiste à vous donner les moyens de prendre le contrôle de votre avenir financier et de créer la vie que vous voulez - pas un jour, mais maintenant. Donc, si vous êtes prêt à commencer à construire de la richesse et à vivre la vie selon vos propres conditions, ce livre est pour vous. **Commençons !**

Index

Je vais décrire un processus en cinq étapes que vous pouvez suivre pour créer de la richesse et réussir financière pendant que vous êtes encore jeune.

ÉTAPE 1

Commencez par vous-même d'abord

Connaissez-vous :

Se connaître et se comprendre soi-même est un aspect crucial du développement personnel qui peut vous aider à devenir plus conscient de vous-même, confiant et épanoui. En apprendre à mieux vous connaître, vous pouvez identifier vos passions, vos forces et vos valeurs, et développer un sens du but et de l'orientation dans la vie.

Vous pouvez également devenir plus conscient de vos faiblesses et de vos domaines d'amélioration, ce qui vous permet de travailler sur ces domaines et de devenir une meilleure version de vous-même.

Une fois que vous avez identifié vos forces, vos faiblesses et vos défauts, l'étape suivante consiste à y travailler pour améliorer votre bien-être et votre succès globaux.

N'oubliez pas que l'amélioration de vos qualités et de vos défauts est un processus qui nécessite des efforts et un engagement continus. Avec du dévouement et une volonté d'apprendre et de grandir, vous pouvez devenir la meilleure version de vous-même et atteindre un plus grand succès et un plus grand épanouissement dans tous les domaines de votre vie.

Soyez à l'aise avec vous-même :

Se sentir bien à propos de qui vous êtes en tant que personne, à la fois à l'intérieur et à l'extérieur. Il s'agit d'accepter vos forces et vos faiblesses, et d'avoir confiance en votre propre peau.

Lorsque vous êtes à l'aise avec vous-même, vous ne vous inquiétez pas trop de ce que les autres pensent de vous. Vous êtes capable d'être vous-même sans prétendre être quelqu'un que vous n'êtes pas, et vous ne ressentez pas le besoin d'impressionner les autres ou de leur demander une validation. Vous connaissez votre propre valeur et vous vous faites confiance pour prendre des décisions qui vous conviennent.

Être à l'aise avec vous-même signifie également prendre soin de votre santé physique et mentale, mais ne pas être obsédé par votre apparence ou votre image corporelle. Cela signifie être gentil avec vous-même lorsque les choses ne se passent pas comme prévu, et ne pas vous battre pour des erreurs ou des revers.

Il faut du temps et des efforts pour devenir à l'aise avec vous-même, mais cela en vaut la peine. En pratiquant la conscience de soi, l'acceptation de soi et l'auto-compassion, vous pouvez développer un sens plus fort de vous-même et vivre une vie plus épanouissante.

Autoréflexion et introspection :

L'autoréflexion et l'introspection sont des processus d'examen de ses pensées, de ses sentiments et de ses expériences pour acquérir une compréhension plus profonde de soi-même. Les deux impliquent de regarder vers l'intérieur et d'explorer son monde intérieur, y compris les croyances, les valeurs, les forces, les faiblesses et les émotions.

L'autoréflexion implique généralement la contemplation, l'évaluation et l'analyse de ses expériences et de ses pensées. Cela peut être fait de manière structurée, par exemple par le biais d'une journalisation, ou de manière informelle par l'introspection.

L'introspection, d'autre part, implique un examen plus spontané et immédiat de ses pensées et de ses émotions. Cela implique souvent de prêter attention à ses expériences internes et d'y réfléchir dans le moment présent.

L'autoréflexion et l'introspection sont des outils précieux pour la croissance personnelle et la conscience de soi. Ils peuvent aider à obtenir des informations sur ses modèles de comportement, de prise de décision et de réponses émotionnelles, qui peuvent être utilisés pour apporter des changements positifs dans sa vie.

Investissez en vous-même

Investir en vous-même signifie prendre soin de votre développement personnel et professionnel en apprenant de nouvelles choses, en développant de nouvelles compétences et en prenant soin de votre santé physique et mentale. Il s'agit de faire un effort pour grandir et vous améliorer pour atteindre vos objectifs.

Par exemple, investir en vous-même peut signifier suivre un cours pour apprendre une nouvelle compétence, rejoindre un gymnase ou pratiquer le yoga pour améliorer votre santé physique, ou prendre un nouveau passe-temps qui enrichit votre vie. Cela peut aussi signifier passer du temps avec des gens qui vous inspirent et vous mettent au défi, ou faire du bénévolat pour une cause qui vous tient à votre compte.

Investir en vous-même est important car cela vous aide à devenir la meilleure version de vous-même. Cela peut vous aider à avoir plus de succès dans votre carrière, et aussi à être plus épanoui dans votre vie personnelle. En investissant en vous-même, vous vous engagez à votre croissance et à votre développement, ce qui peut mener à une vie plus épanouissante et plus significative.

Maîtrise de soi émotionnelle :

Le premier bloc ou étape vers la construction de la richesse est la maîtrise de soi émotionnelle.

Lorsqu'il s'agit de créer de la richesse, la maîtrise de soi émotionnelle est la première, car elle jette les bases de toute autre réussite financière.

Sans maîtrise de soi émotionnelle, il est facile de se laisser submerger par la peur, la cupidité et d'autres émotions qui peuvent conduire à des décisions irrationnelles et à des comportements impulsifs. Ces décisions peuvent nuire à vos objectifs financiers, causant des revers et même des échecs.

D'autre part, lorsque vous développez la maîtrise de soi émotionnelle, vous êtes mieux équipé pour prendre des décisions rationnelles basées sur des principes financiers solides. Vous êtes plus susceptible de résister à la tentation de dépenser trop, de faire des investissements risqués ou de céder à d'autres comportements impulsifs qui peuvent entraver vos efforts de création de richesse.

La maîtrise de soi émotionnelle est également importante car elle peut vous aider à maintenir un état d'esprit positif et à rester concentré sur vos objectifs financiers à long terme, même face aux défis et aux revers. Il peut vous aider à gérer les tensions et les pressions financières avec grâce et résilience, et vous permettre de rebondir plus rapidement après les revers.

Se concentrer sur la maîtrise de soi émotionnelle est une approche intelligente lorsqu'il s'agit de créer de la richesse, car les émotions peuvent souvent nous amener à prendre des décisions irrationnelles en matière d'argent.

Conseils sur la façon de développer la maîtrise de soi émotionnelle :

Pratiquez la pleine conscience : La pleine conscience est la pratique d'être pleinement présent et conscient de vos pensées et de vos émotions dans le moment présent. En pratiquant régulièrement la pleine conscience, vous pouvez devenir plus conscient de vos déclencheurs émotionnels et apprendre à réguler vos réponses.

Identifiez vos déclencheurs émotionnels : Prenez le temps de réfléchir aux situations ou aux événements qui ont tendance à déclencher des réactions émotionnelles en vous. Une fois que vous avez identifié vos déclencheurs, vous pouvez commencer à élaborer des stratégies pour les gérer.

Élaborez un plan de gestion des émotions : Créez un plan sur la façon dont vous gérerez vos émotions lorsqu'elles se présenteront. Cela peut impliquer de prendre quelques respirations profondes, d'aller faire une promenade ou de parler à un ami ou à un membre de la famille en qui vous avez confiance.

Adoptez une perspective à long terme : Lorsqu'il s'agit de créer de la richesse, il est important d'adopter une perspective à long terme et d'éviter de prendre des décisions impulsives fondées sur des émotions à court terme. Rappelez-vous vos objectifs à long terme et concentrez-vous sur la prise de décisions qui correspondent à ces objectifs.

Demandez du soutien : La maîtrise de soi émotionnelle prend du temps et de la pratique, alors n'ayez pas peur de demander l'aide d'un entraîneur, d'un thérapeute ou d'un mentor qui peut vous aider à développer les compétences dont vous avez besoin pour gérer vos émotions et créer de la richesse.

Autodiscipline :

L'autodiscipline est la capacité de contrôler vos actions, vos pensées et vos émotions pour atteindre vos objectifs. Cela signifie faire un effort conscient pour rester concentré et motivé, même lorsque vous faites face à des distractions ou à des défis qui vous donne envie d'arrêter de fumer.

Être autodiscipliné peut vous aider de plusieurs façons. Par exemple, il peut améliorer votre productivité, vous aider à mieux gérer votre temps et vous permettre de prendre de meilleures décisions qui mènent au succès à long terme. Il peut également vous aider à contrôler vos émotions et vos réactions, ce qui peut conduire à une plus grande résilience et à un bien-être général.

Développer l'autodiscipline nécessite de la pratique, et cela peut parfois être difficile. Cependant, l'établissement d'objectifs clairs, l'élaboration d'un plan et l'engagement à suivre ce plan peuvent vous aider à développer cette compétence précieuse. Avec l'autodiscipline, vous pouvez surmonter les obstacles, atteindre vos objectifs et vivre une vie plus épanouissante.

Avantages de l'autodiscipline :

Amélioration de la productivité : L'autodiscipline peut aider les individus à rester concentrés et motivés, ce qui peut améliorer la productivité et la performance dans divers domaines de la vie, y compris le travail, les études et les objectifs personnels.

Meilleure gestion du temps : L'autodiscipline peut aider les individus à prioriser les tâches, à éviter les procrastinations et à gérer le temps efficacement, ce qui peut entraîner une plus grande productivité et moins de stress.

Maîtrise de soi accrue : L'autodiscipline peut aider les personnes à résister à la gratification immédiate et à prendre des décisions fondées sur des objectifs à long terme, ce qui peut mener à de meilleurs résultats et à un plus grand succès.

Une plus grande résilience émotionnelle : L'autodiscipline peut aider les individus à gérer leurs émotions et leurs réactions dans des situations difficiles, ce qui peut améliorer la résilience émotionnelle et les capacités d'adaptation.

Amélioration de la santé et du bien-être : L'autodiscipline peut aider les personnes à faire des choix sains, comme faire de l'exercice régulièrement, avoir une alimentation équilibrée et dormir suffisamment, ce qui peut mener à une meilleure santé physique et mentale.

Comportement et attitude :

Les problèmes de comportement et d'attitude peuvent avoir un impact significatif sur la réussite d'une personne dans divers domaines de la vie, y compris les relations personnelles, les activités académiques, la richesse, les objectifs professionnels.

Par exemple, les attitudes positives telles que l'optimisme, la confiance en soi et la résilience peuvent améliorer la capacité d'une personne à réussir. Ces attitudes peuvent conduire à des comportements productifs, tels que l'établissement d'objectifs, la prise de risques et la persistance à travers les défis, ce qui peut aider une personne à atteindre les résultats souhaités.

D'autre part, les attitudes négatives telles que le pessimisme, le doute de soi et la peur de l'échec peuvent entraver la capacité d'une personne à atteindre les résultats souhaités. Ces attitudes peuvent conduire à des comportements d'auto-sabotage, tels que la procrastination, l'évitement et l'autocritique, qui peuvent empêcher une personne de prendre des mesures pour atteindre ses objectifs.

Certains problèmes de comportement, tels que l'impulsivité, le manque de maîtrise de soi et de mauvaises compétences en communication, peuvent également avoir un impact sur le succès d'une personne. Par exemple, si une personne a du mal à contrôler les impulsions, elle peut prendre des décisions hâtives qui ont des conséquences négatives. Si une personne a de mauvaises compétences en communication, elle peut avoir du mal à établir des relations positives ou à transmettre ses idées efficacement dans un cadre professionnel.

Mode de vie et établissement d'objectifs :

Trouver votre style de vie idéal et fixer des objectifs peut être un voyage personnel de découverte de soi. Vous pouvez commencer par prendre le temps de réfléchir à ce qui compte le plus pour vous dans la vie. Pensez aux choses qui vous apportent de la joie, de l'épanouissement et un sentiment de but. Cela peut vous aider à identifier le type de style de vie qui correspond à vos valeurs et aspirations.

Une fois que vous avez une idée générale de ce que vous voulez, vous pouvez commencer à imaginer à quoi ressemblerait votre style de vie idéal. C'est là que vous pouvez rêver grand et vous visualiser en vivant la vie que vous voulez vraiment. Pensez à l'endroit où vous voulez vivre, au type d'emploi que vous voulez avoir, aux personnes avec lesquelles vous voulez vous entourer et aux expériences que vous voulez avoir. Cela peut vous aider à fixer des objectifs spécifiques qui sont significatifs et pertinents pour votre vision globale.

Lorsque vous définissez vos objectifs, il est important d'être réaliste et de les décomposer en étapes réalisables. Cela peut vous aider à rester motivé et à suivre vos progrès en cours de route. Prioriser vos objectifs en fonction de leur importance peut également vous aider à rester concentré et à allouer votre temps et votre énergie efficacement.

Prendre des mesures pour atteindre vos objectifs est la clé pour en faire une réalité. Cela peut impliquer de petites étapes qui s'additionnent au fil du temps, telles que l'apprentissage d'une nouvelle compétence, le réseautage avec des personnes de votre domaine ou l'économie d'argent vers un objectif spécifique. L'important est de prendre des mesures cohérentes et de continuer à aller de l'avant, même face à des revers ou à des défis.

Trouver votre style de vie idéal et se fixer des objectifs est un processus qui prend du temps, de la patience et de l'auto-compassion. N'ayez pas peur d'expérimenter, de faire des erreurs et d'ajuster votre cours au fur et à mesure. En restant fidèle à vous-même et en prenant des mesures envers la vie que vous voulez, vous pouvez créer une vie épanouissante et significative qui s'aligne sur vos valeurs et vos aspirations.

Prenez le temps de comprendre ce que vous aimez vraiment et quels sont vos buts et objectifs ! Il n'est pas toujours facile de savoir ce que nous voulons dans la vie, c'est donc un grand pas en avant. En travaillant sur votre maîtrise de soi et en obtenant l'autodiscipline, vous avez également fait un autre pas important vers l'atteinte de vos objectifs.

Il est maintenant temps de se concentrer sur le développement des compétences et des talents qui vous aideront à vous rendre là où vous voulez être dans la vie. Cela peut signifier suivre des cours ou des ateliers, lire des livres ou rechercher des mentors ou des coachs pour vous aider à développer les compétences dont vous avez besoin. En investissant en vous-même de cette manière, vous serez mieux équipé pour atteindre le style de vie et les objectifs que vous voulez pour vous-même.

Le succès ne se produit pas du jour au lendemain, mais en prenant des mesures cohérentes pour atteindre vos objectifs, vous serez sur la bonne voie pour atteindre la vie que vous voulez. Continuez à vous pousser à apprendre et à grandir, et restez concentré sur vos objectifs. Avec du dévouement et un travail acharné, vous pouvez faire de vos rêves une réalité.

Félicitations pour avoir terminé l'étape 1

Se concentrer sur la connaissance de vous-même, être à l'aise avec vous-même, investir en vous-même et déterminer vos objectifs et votre style de vie à un jeune âge peut avoir un impact énorme sur votre succès et votre bonheur futurs.

Voici pourquoi :

Quand vous êtes jeune, vous avez beaucoup de temps et d'énergie pour explorer vos intérêts et vos passions. En prenant le temps d'apprendre à vous connaître, vous pouvez identifier ce que vous aimez vraiment et ce dans quoi vous êtes bon. Cela peut vous aider à choisir un cheminement de carrière ou un programme éducatif qui correspond à vos intérêts et à vos forces, ce qui peut finalement mener à une vie plus épanouissante.

Être à l'aise avec vous-même à un jeune âge peut également vous aider à établir des relations plus solides avec vos amis, votre famille et vos partenaires romantiques. Lorsque vous avez confiance en qui vous êtes, vous êtes plus susceptible d'attirer dans votre vie des personnes positives qui partagent vos valeurs et soutiennent vos objectifs.

Investir en vous-même est également crucial lorsque vous êtes jeune, car cela peut vous préparer au succès à long terme. Par exemple, l'obtention d'un diplôme d'études collégiales ou l'apprentissage d'une nouvelle compétence peut ouvrir la porte à de nouvelles possibilités de carrière et à des salaires plus élevés.

La poursuite de passe-temps et d'intérêts peut également vous aider à développer de nouveaux talents et de nouvelles capacités que vous pouvez utiliser pour améliorer votre carrière ou votre vie personnelle.

Déterminer vos objectifs et votre style de vie à un jeune âge peut vous aider à rester concentré et motivé alors que vous travaillez à l'atteinte de vos objectifs.

En fixant des objectifs spécifiques et mesurables et en créant un plan pour les atteindre, vous pouvez rester sur la bonne voie et éviter d'être détourné par des distractions ou des revers.

Se concentrer sur ces quatre domaines clés de la croissance personnelle pendant que vous êtes jeune peut vous aider à construire une base solide pour une vie heureuse et réussie.

Étape 2 :

Comprendre les définitions et les bases sur :

Définitions et notions de base :

Argent, valeur et récompenses.

L'argent, la valeur et les récompenses sont tous des concepts importants qui affectent notre vie quotidienne. L'argent est ce que nous utilisons pour acheter les choses dont nous avons besoin ou que nous voulons, comme la nourriture, les vêtements et les divertissements. Nous travaillons dur et gagnons de l'argent afin que nous puissions l'échanger contre les choses que nous apprécions.

La valeur fait référence à combien nous pensons que quelque chose vaut. Nous avons tous des opinions différentes sur ce qui est précieux, et ce que nous valorisons peut changer au fil du temps. Par exemple, lorsque nous sommes jeunes, nous pouvons valoriser le plaisir et passer du temps avec des amis, mais à mesure que nous vieillissons, nous pouvons valoriser des choses comme la stabilité, la sécurité et l'indépendance financière.

Les récompenses sont les choses que nous recevons lorsque nous faisons quelque chose de bien ou atteignons un objectif. Par exemple, si nous travaillons dur et atteignons nos objectifs de vente, nous pouvons recevoir une prime ou une reconnaissance de notre employeur. Les récompenses peuvent être à la fois tangibles, comme de l'argent ou un cadeau, et intangibles, comme des éloges ou une reconnaissance.

Comprendre les relations entre l'argent, la valeur et les récompenses peut nous aider à prendre de meilleures décisions dans notre vie quotidienne. Nous pouvons prioriser les choses que nous apprécions le plus et travailler dur pour gagner l'argent dont nous avons besoin pour les acquérir. Nous pouvons également utiliser les récompenses comme motivation pour atteindre nos objectifs et ressentir un sentiment d'accomplissement lorsque nous réussissons.

Argent :

L'argent est ce que nous utilisons pour acheter les choses dont nous avons besoin et que nous voulons, comme la nourriture, les vêtements et les divertissements. C'est comme un type spécial de jeton que nous pouvons échanger contre des biens et des services. L'argent peut être sous différentes formes, comme des pièces physiques et des billets de banque, ou des formes numériques comme les cartes de crédit et les paiements électroniques. L'argent est important parce que c'est un moyen largement accepté d'échanger de la valeur, et il nous aide à garder une trace de la valeur des choses.

L'argent comptant est un type d'argent que nous pouvons tenir entre nos mains. Il comprend la monnaie physique, comme les billets et les pièces de monnaie, que nous pouvons utiliser pour acheter des choses en personne.

L'argent comptant est souvent préféré pour les petites transactions, comme l'achat d'une collation dans un distributeur automatique ou le paiement d'un vendeur ambulant, car c'est rapide et facile. De plus, certaines personnes se sentent plus en sécurité lorsqu'elles peuvent physiquement conserver leur argent.

Dans les affaires et l'investissement, l'argent comptant fait référence à la devise physique réelle ou aux fonds qu'une entreprise ou un individu a à sa disposition pour une utilisation immédiate. Il peut également s'agir d'actifs qui peuvent être facilement convertis en espèces, tels que des investissements à court terme ou des comptes débiteurs.

Avoir de l'argent en main est important pour les entreprises, car cela leur permet de couvrir des dépenses telles que la paie, le loyer et les achats d'inventaire. L'argent liquide peut également être utilisé pour tirer parti des opportunités d'investissement ou pour rembourser des dettes.

Les investisseurs examinent souvent la position de trésorerie d'une entreprise lorsqu'ils envisagent d'investir dans ce pays. Une position de trésorerie saine peut être un bon signe que la société est financièrement stable et a la capacité d'investir dans des opportunités de croissance ou de rapporter de la valeur aux actionnaires par le biais de dividendes ou de rachats d'actions.

Lorsqu'il s'agit de comprendre la valeur et la valeur de l'argent, il est important de considérer à la fois ses effets immédiats et à long terme.

Dans l'immédiat, les liquidités peuvent fournir un pouvoir d'achat et des liquidités immédiats. Il peut être utilisé pour payer des biens et des services, couvrir des dépenses ou investir dans des opportunités qui se présentent. Il peut être important d'avoir de l'argent en main en cas d'urgence ou d'événements imprévus qui nécessitent un accès rapide aux fonds.

Cependant, à long terme, la valeur des liquidités peut se corroder en raison de l'inflation. L'inflation fait référence à l'augmentation générale des prix des biens et des services au fil du temps, ce qui réduit le pouvoir d'achat de la monnaie. Cela signifie que le même montant d'argent sera en mesure d'acheter moins de biens et de services à l'avenir qu'il ne peut le faire aujourd'hui.

Par conséquent, il est important de tenir compte des effets à long terme de la retenue des liquidités et de s'assurer qu'elles sont investies dans des actifs qui peuvent générer des rendements qui dépassent l'inflation au fil du temps. Cela peut inclure l'investissement dans des actions, des obligations ou des biens immobiliers, qui ont historiquement fourni des rendements qui dépassent l'inflation.

Qu'est-ce que la valeur ?

La valeur est un concept qui fait référence à la valeur, à l'utilité ou à l'importance de quelque chose, qu'il s'agisse d'un objet, d'un service, d'un temps ou d'une idée.

En économie, la valeur peut être définie comme le montant d'argent que quelqu'un est prêt à payer pour quelque chose, en fonction de sa perception de sa valeur ou de son utilité.

La valeur est subjective, ce qui signifie que différentes personnes peuvent attribuer différents niveaux de valeur à la même chose en fonction de leurs préférences, besoins et circonstances personnels. Par exemple, un bijou peut avoir une grande valeur pour quelqu'un qui le considère comme un héritage familial ou un symbole de prestige, alors qu'il peut avoir peu ou pas de valeur pour quelqu'un qui n'a aucun intérêt dans les bijoux ou n'apprécie pas ses qualités esthétiques.

La valeur peut être influencée par des facteurs tels que la rareté, la qualité, l'utilité, la reconnaissance de la marque et l'attachement émotionnel.

Reconnaître la valeur des choses est une compétence importante qui peut vous aider à prendre de meilleures décisions lorsqu'il s'agit de dépenser, d'investir et de gérer vos ressources.

Pour reconnaître la valeur des choses, vous devez tenir compte de divers facteurs tels que l'utilité ou l'utilité de l'article, sa qualité, son unicité ou sa rareté, sa demande et sa disponibilité, et son potentiel d'appréciation ou de dépréciation de la valeur au fil du temps.

Par exemple, lorsque vous magasinez pour une voiture, vous pouvez tenir compte de la configuration et du modèle, de ses caractéristiques et de ses performances, de sa fiabilité, de son efficacité énergétique et de ses cotes de sécurité, ainsi que de sa valeur de revente. En évaluant ces facteurs, vous pouvez déterminer la valeur réelle de la voiture et si c'est un bon investissement pour vos besoins et votre budget.

De même, lorsque vous envisagez des investissements, vous pouvez examiner les tendances actuelles du marché, la santé financière de l'entreprise, son équipe de direction et ses avantages concurrentiels pour déterminer son potentiel de croissance et de rentabilité.

Qu'est-ce qu'une récompense ?

Une récompense est quelque chose donné ou reçu en reconnaissance d'une action, d'un effort ou d'une réalisation. Les récompenses peuvent prendre de nombreuses formes, telles que l'argent, les cadeaux, les prix, la reconnaissance ou les privilèges, et elles sont souvent utilisées pour motiver ou inciter les gens à effectuer certaines tâches, à atteindre des objectifs spécifiques ou à présenter les comportements souhaités.

En psychologie, les récompenses sont un élément clé du conditionnement opérant, qui est un type d'apprentissage qui implique d'associer les comportements à leurs conséquences. Le renforcement positif, ou la fourniture d'une récompense pour un comportement souhaité, est un outil puissant pour façonner le comportement et augmenter la probabilité qu'il se répète à l'avenir.

Les récompenses peuvent également avoir un impact psychologique, procurant un sentiment d'accomplissement, de satisfaction ou de validation. Ils peuvent renforcer l'estime de soi, la confiance et le sentiment de compétence d'une personne, et ils peuvent contribuer à des sentiments de bonheur et de bien-être.

Vous récompenser est un excellent moyen de célébrer vos réalisations et de rester motivé pour continuer à aller de l'avant. Il existe de nombreuses façons différentes de vous récompenser, en fonction de ce que vous aimez et de ce qui vous fait vous sentir bien.

Voici quelques idées :

Faites-vous plaisir : Cela pourrait être quelque chose que vous vouliez depuis un certain temps, comme un nouveau gadget, un vêtement ou une délicieuse friandise. Quoi qu'il en soit, cela devrait être quelque chose qui vous rend heureux et satisfait.

Faites une pause : Parfois, la meilleure façon de vous récompenser est de prendre congé pour faire quelque chose que vous aimez. Cela pourrait être n'importe quoi, de faire une promenade dans le parc à regarder votre émission de télévision préférée.

Célébrez avec vos proches : Partager vos réalisations avec vos amis ou votre famille est un excellent moyen de se sentir apprécié et reconnu. Vous pourriez les inviter à un repas ou à une rencontre pour célébrer vos réalisations ensemble.

Offrez-vous des soins personnels : Prendre soin de soi est toujours un bon moyen de vous récompenser. Cela pourrait être une journée de spa, un massage, ou même tout simplement prendre un peu de temps pour lire un livre ou méditer.

Reconnaissez votre travail acharné : Parfois, la meilleure récompense est simplement de reconnaître à quel point vous avez travaillé dur et combien vous avez accompli. Prenez un moment pour réfléchir à vos réalisations et donnez-vous une tape dans le dos pour un travail bien fait.

Argent vs valeur ?

L'argent et la valeur sont des concepts connexes, mais ce n'est pas la même chose. L'argent est un moyen d'échange que les gens utilisent pour acheter des biens et des services. Il n'a pas de valeur intrinsèque en soi, mais il tire plutôt sa valeur des biens et services qu'il peut être utilisé pour acheter.

La valeur, d'autre part, fait référence à l'utilité ou à l'importance de quelque chose, qu'il s'agisse d'un bien, d'un service, d'un actif ou d'un investissement. La valeur est subjective et peut être différente pour différentes personnes. Par exemple, une peinture peut être précieuse pour un collectionneur en raison de son importance historique, alors qu'elle peut avoir peu de valeur pour quelqu'un qui ne s'intéresse pas à l'art.

Bien que l'argent puisse être utilisé pour acheter des choses de valeur, les deux concepts ne sont pas interchangeables. Par exemple, une personne peut dépenser beaucoup d'argent pour quelque chose qu'elle considère comme précieux, mais d'autres peuvent ne pas y voir la même valeur. Inversement, quelque chose peut avoir beaucoup de valeur pour quelqu'un, mais peut ne pas nécessiter une grande quantité d'argent pour acquérir.

Quand il s'agit de temps, l'argent et la valeur prennent une dimension différente. Le temps est une ressource précieuse et limitée qui ne peut pas être remplacée ou réapprovisionnée une fois qu'elle est partie. Par conséquent, la façon dont vous passez votre temps peut avoir un impact significatif sur votre vie et sur la façon dont nous percevons la valeur de l'argent.

Une façon de penser à la relation entre l'argent, la valeur et le temps est de considérer le concept de coût d'opportunité. Le coût d'opportunité est la valeur de la meilleure alternative suivante que vous abandonnez lorsque vous choisissez une option plutôt qu'une autre. Par exemple, si vous choisissez de passer une heure à travailler, le coût d'opportunité est la valeur des activités que vous auriez pu faire à cette heure à la place.

Quand il s'agit d'argent et de valeur, le coût d'opportunité de dépenser de l'argent est la valeur des choses que vous auriez pu faire avec cet argent à la place. Par exemple, si vous choisissez de dépenser de l'argent pour une voiture chère, le coût d'opportunité est la valeur des choses que vous auriez pu faire avec cet argent, comme l'investir, l'économiser ou l'utiliser pour poursuivre d'autres intérêts.

Par conséquent, il est important de tenir compte de la valeur de notre temps et du coût d'opportunité de notre argent au moment de prendre des décisions sur la façon de les dépenser. Cela peut nous aider à faire des choix plus éclairés qui correspondent à nos valeurs et à nos priorités, et nous aider à utiliser plus efficacement notre temps et nos ressources limités.

De l'argent et du temps

L'argent et le temps sont deux des ressources les plus précieuses dont nous disposons, et ils sont souvent interreliés. L'argent peut être gagné, investi et dépensé, tandis que le temps est une ressource limitée qui ne peut jamais être récupérée une fois qu'il est parti. La façon dont nous utilisons notre argent et notre temps peut avoir un impact significatif sur nos vies, et il est important de trouver un équilibre entre les deux.

L'argent peut être utilisé pour gagner du temps ou pour nous créer plus de temps. Par exemple, nous pouvons embaucher quelqu'un pour faire des tâches pour nous, telles que nettoyer notre maison, tondre notre pelouse ou faire des courses, libérant ainsi notre temps pour nous concentrer sur d'autres choses.

Nous pouvons également utiliser notre argent pour investir dans l'éducation ou la formation qui peut améliorer nos compétences et augmenter notre potentiel de gain, ce qui nous permet de travailler de manière plus efficiente et efficace, et en fin de compte de créer plus de temps pour nous-mêmes.

D'autre part, le temps peut également être utilisé pour créer de la richesse. En investissant notre temps dans des activités qui peuvent générer des revenus, telles que le démarrage d'une entreprise, l'investissement dans l'immobilier ou la construction d'une carrière, nous pouvons augmenter notre potentiel de gain et créer une sécurité financière pour nous-mêmes.

Cependant, il est important de trouver un équilibre entre notre temps et notre argent. Nous ne devrions pas sacrifier notre temps au détriment de gagner plus d'argent, car cela peut conduire à l'épuisement professionnel, au stress et à un manque d'épanouissement. De même, nous ne devrions pas accorder la priorité à notre temps au détriment de notre bien-être financier, car cela peut entraîner une insécurité financière et limiter nos possibilités.

La valeur de l'argent et la valeur du temps sont deux choses très différentes, mais elles sont toutes deux importantes dans nos vies. L'argent a une valeur quantifiable, ce qui signifie qu'il peut être mesuré en termes de pouvoir d'achat, tandis que le temps a une valeur intangible qui n'est pas si facilement mesurée.

Lorsque nous choisissons de dépenser de l'argent, nous l'échangeons essentiellement contre quelque chose de valeur, comme des biens, des services ou des expériences. Cependant, lorsque nous choisissons de passer du temps, nous abandonnons quelque chose qui est irremplaçable et qui ne peut pas être retrouvé une fois qu'il est parti. Par conséquent, la valeur du temps est souvent considérée comme plus précieuse que la valeur de l'argent.

En termes d'épanouissement personnel et de satisfaction, la valeur du temps l'emporte souvent sur la valeur de l'argent. Par exemple, passer du temps avec des êtres chers, poursuivre une passion ou faire du bénévolat peut fournir un sentiment d'utilité et d'épanouissement que l'argent ne peut pas acheter. D'un autre côté, si nous nous concentrons uniquement sur la valeur de l'argent, nous pouvons finir par sacrifier notre temps et manquer ces expériences précieuses.

Cependant, il est important de noter que l'argent peut également apporter de la valeur dans certains contextes. Par exemple, la stabilité et la sécurité financières peuvent nous procurer la tranquillité d'esprit et la capacité de poursuivre nos objectifs et nos rêves. L'argent peut également être utilisé pour créer des opportunités et des expériences qui ne seraient peut-être pas possibles autrement.

Valeur et temps

La valeur et le temps sont des concepts étroitement liés qui jouent un rôle important dans nos vies. La valeur fait référence à la valeur ou à l'utilité de quelque chose, tandis que le temps est la ressource limitée que nous devons allouer à différentes activités.

Lorsque nous prenons des décisions sur la façon de passer notre temps, nous tenons souvent compte de la valeur des activités que nous choisissons entre. Par exemple, nous pouvons choisir de passer notre temps à travailler sur un projet qui a une grande valeur pour nous, comme la poursuite d'une passion ou de travailler vers un objectif à long terme.

À l'inverse, nous pouvons choisir d'éviter les activités qui ont une faible valeur, comme faire défiler sans réfléchir les médias sociaux ou regarder la télévision pendant des heures.

De même, lorsque nous investissons notre temps dans quelque chose, nous lui donnons essentiellement de la valeur.

Par exemple, le temps que nous investissons dans l'établissement de relations avec nos proches, la poursuite d'études ou de formation, ou la pratique d'une compétence peut augmenter leur valeur pour nous au fil du temps. À l'inverse, négliger ces domaines peut entraîner une perte de valeur.

La valeur et le temps sont également des facteurs importants à prendre en compte lors de la prise de décisions financières. Par exemple, investir dans un produit de qualité qui dure longtemps peut offrir une plus grande valeur que de remplacer constamment des produits moins chers et de qualité inférieure.

De même, investir dans nos études ou nos compétences peut augmenter notre potentiel de gains au fil du temps, ce qui entraîne une plus grande valeur financière à long terme.

Qu'est-ce que l'épargne :

L'épargne fait référence à l'argent que vous mettez de côté ou que vous gardez de côté pour une utilisation future, plutôt que de le dépenser immédiatement. Économiser de l'argent est une partie importante de la planification financière, car il fournit un filet de sécurité en cas de dépenses imprévues ou d'urgences, et vous aide à atteindre vos objectifs financiers tels que l'achat d'une maison, le démarrage d'une entreprise ou la retraite confortable.

Il existe différents types d'épargne, y compris l'épargne à court terme pour les urgences ou les dépenses à venir, l'épargne à moyen terme pour des objectifs spécifiques tels que des vacances ou une mise de fonds sur une maison, et l'épargne à long terme pour la retraite. Économiser de l'argent implique d'établir un budget et de trouver des moyens de réduire les dépenses, comme réduire les achats inutiles ou trouver des moyens d'économiser sur les factures régulières.

L'un des moyens les plus efficaces d'économiser de l'argent est de créer un plan d'épargne et d'automatiser votre épargne. Cela implique de fixer un objectif d'épargne spécifique, comme épargner 10% de votre revenu chaque mois, puis de configurer des transferts automatiques de votre compte courant vers un compte d'épargne ou un compte de placement.

En automatisant votre épargne, vous pouvez vous assurer que vous économisez constamment de l'argent sans avoir à y penser ou à effectuer activement des transferts.

Un autre aspect important de l'épargne est de trouver des moyens de faire en sorte que votre épargne fonctionne pour vous. Cela peut impliquer la recherche de différents comptes d'épargne, options de placement ou régimes de retraite pour trouver les meilleures options pour vos objectifs financiers et votre tolérance au risque.

L'épargne et le temps sont des concepts étroitement liés dans les finances personnelles. Le temps joue un rôle essentiel dans le montant que vous êtes en mesure d'épargner et l'impact de votre épargne sur votre avenir financier.

L'un des facteurs clés qui influe sur ce que vous pouvez économiser est le temps que vous avez à économiser. Plus vous devez épargner longtemps, plus vous pouvez potentiellement accumuler en épargne, car le pouvoir des intérêts composés augmente, plus votre argent est investi longtemps.

Par exemple, si vous économisez 100 $ par mois pendant 20 ans, en supposant un taux de rendement annuel moyen de 7 %, vous auriez des économies de plus de 44 000 $. Cependant, si vous avez économisé le même montant pendant seulement 10 ans, vous auriez moins de la moitié de ce montant, soit environ 18 000 $.

Un autre aspect important de l'économie et du temps est le concept de coût d'opportunité. Chaque dollar que vous dépensez aujourd'hui est un dollar qui aurait pu être investi ou économisé pour l'avenir. En accordant la priorité à l'épargne et à l'investissement plutôt qu'aux dépenses, vous pouvez tirer parti du pouvoir des intérêts composés et potentiellement atteindre vos objectifs financiers plus rapidement.

Enfin, le temps joue également un rôle dans votre capacité à surmonter les urgences financières ou les dépenses imprévues. En bâtissant un fonds d'urgence et en épargnant régulièrement, vous pouvez créer un coussin qui peut vous aider à gérer des dépenses imprévues sans avoir à compter sur des cartes de crédit à intérêt élevé ou d'autres formes de dette.

Économiser de l'argent est un aspect important des finances personnelles et peut vous aider à atteindre une variété d'objectifs financiers.

Pourquoi économiser:

Créer un fonds d'urgence : Économiser de l'argent peut vous aider à vous préparer à faire face à des dépenses imprévues ou à des urgences.

Atteindre vos objectifs financiers : Économiser de l'argent peut vous aider à atteindre des objectifs financiers précis, comme l'achat d'une maison, le démarrage d'une entreprise ou la retraite confortable.

Réduire vos dettes : Économiser de l'argent peut vous aider à rembourser plus rapidement vos dettes à taux d'intérêt élevé, ce qui réduit le montant d'argent que vous dépensez en intérêts au fil du temps.

Créez de la richesse : Épargner et investir de l'argent peut vous aider à bâtir du patrimoine à long terme et à atteindre la liberté financière.

Quand économiser:

Commencez tôt : Plus vous commencez à épargner tôt, plus vous avez de temps pour profiter des intérêts composés et potentiellement construire un plus gros pécule.

Épargnez régulièrement : Épargner régulièrement, que ce soit chaque semaine, mensuellement ou annuellement, peut vous aider à acquérir une habitude d'épargne constante et à faciliter l'atteint de vos objectifs financiers.

Épargnez lorsque vous avez un revenu supplémentaire : Si vous recevez une prime, un remboursement d'impôt ou un autre revenu inattendu, envisagez d'en utiliser une partie ou la totalité pour augmenter votre épargne.

Où économiser:

Comptes d'épargne à rendement élevé : Ces comptes offrent généralement des taux d'intérêt plus élevés que les comptes d'épargne traditionnels, ce qui vous permet de gagner davantage sur votre épargne.

Comptes de placement : Investir votre épargne peut potentiellement générer des rendements plus élevés à long terme, mais implique également plus de risques.

Comptes de retraite : Épargner pour la retraite par l'entremise d'un compte 401(k), d'un IRA ou d'un autre compte de retraite peut vous aider à vous bâtir un avenir financier sûr.

Comment économiser:

Créez un budget : Comprendre vos revenus et vos dépenses peut vous aider à déterminer les secteurs où vous pouvez réduire vos dépenses et épargner davantage.

Automatisez votre épargne : La configuration de transferts automatiques de votre compte courant vers un compte d'épargne ou un compte de placement peut faciliter l'épargne de façon constante.

Trouvez des moyens d'économiser sur les dépenses : Cherchez des moyens de réduire les dépenses régulières telles que le logement, le transport et la nourriture, et réorientez ces économies vers vos objectifs d'épargne.

Qu'est-ce que le budget ?

Un budget est un plan financier qui décrit combien d'argent vous prévoyez gagner ou recevoir, et combien vous prévoyez dépenser ou économiser sur une certaine période de temps, généralement un mois ou un an. Le but d'un budget est de vous aider à gérer vos finances efficacement, en faisant le suivi de vos revenus et de vos dépenses et en vous assurant que vous ne dépensez pas trop ou que vous ne vivez pas au-dessus de vos moyens.

La création d'un budget comporte plusieurs étapes clés. La première étape consiste à déterminer votre revenu, qui peut inclure votre salaire, toute source de revenu supplémentaire et tous les avantages ou allocations que vous recevez.

Une fois que vous avez une image claire de votre revenu, vous pouvez ensuite identifier vos dépenses, qui peuvent inclure des dépenses fixes telles que le loyer ou les paiements hypothécaires, les services publics et l'assurance, ainsi que des dépenses variables telles que l'épicerie, le transport et les divertissements.

Après avoir identifié vos revenus et vos dépenses, vous pouvez ensuite comparer les deux pour déterminer si vous avez un excédent ou un déficit. Si vous avez un excédent, vous voudrez peut-être envisager d'épargner ou d'investir l'argent supplémentaire pour des besoins ou des objectifs futurs. Si vous avez un déficit, vous devrez peut-être rajuxer vos dépenses ou trouver des moyens d'augmenter votre revenu, comme prendre des travaux supplémentaires ou négocier une augmentation.

L'établissement d'un budget exige de la discipline et de l'engagement à respecter votre plan financier. Il est important de faire un suivi régulier de vos dépenses, d'examiner votre budget périodiquement pour apporter les ajustements nécessaires et de prioriser vos dépenses pour vous assurer que vous répondez à vos objectifs financiers.

Le budget et le temps sont deux ressources importantes qui sont étroitement liées. Un budget implique la gestion efficace de vos ressources financières, tandis que le temps implique la gestion de votre temps disponible pour accomplir des tâches et des objectifs.

En ce qui concerne le budget et la gestion du temps, il est important de créer un plan réaliste qui prend en compte les deux ressources. Par exemple, si vous avez un budget limité, vous devrez peut-être consacrer plus de temps à la recherche d'accords ou à la recherche de moyens d'économiser de l'argent.

D'un autre côté, si vous avez un emploi du temps chargé, vous devrez peut-être trouver des moyens de gagner du temps, comme l'externalisation des tâches ou la rationalisation de votre routine quotidienne, afin d'éviter les dépenses excessives.

Une approche efficace de la gestion du budget et du temps consiste à prioriser vos objectifs et vos activités. En identifiant les tâches et les objectifs les plus importants, vous pouvez allouer vos ressources en conséquence et éviter de perdre du temps ou de l'argent sur des activités moins importantes.

Un autre aspect important de la gestion du budget et du temps est de suivre vos progrès et d'apporter des ajustements au besoin. Par exemple, si vous remarquez que vous dépensez constamment trop dans une certaine catégorie ou que vous ne respectez pas les délais, vous devrez peut-être ajuster votre budget ou votre calendrier pour mieux vous aligner sur vos objectifs et vos priorités.

Crédits, Prêts et Intérêts

Crédit :

Le crédit fait référence à la capacité d'emprunter de l'argent ou d'obtenir des biens ou des services dans l'espoir de les payer plus tard. Lorsque vous utilisez le crédit, vous souscrisez essentiellement un prêt ou effectuez un achat à crédit, que vous acceptez de rembourser avec intérêts ou frais au fil du temps.

Le crédit peut prendre de nombreuses formes, y compris les cartes de crédit, les prêts personnels, les prêts automobiles, les hypothèques et les prêts étudiants. Dans chaque cas, le prêteur ou le créancier vous fournit de l'argent ou des biens en supposant que vous les rembourserez au fil du temps, généralement avec des intérêts ou des frais.

Cependant, il est important d'utiliser le crédit de manière responsable (le cas échéant) et de n'emprunter que ce que vous pouvez vous permettre de **rembourser en totalité immédiatement**, car le fait de ne pas effectuer de paiements à temps ou de ne pas rembourser un prêt peut avoir de graves conséquences sur votre pointage de crédit et votre avenir financier.

Vos antécédents en matière de crédit, qui comprennent votre utilisation antérieure du crédit et votre capacité de rembourser vos dettes à temps, sont utilisés par les prêteurs et les créanciers pour déterminer s'il faut vous approuver pour le crédit à l'avenir et quels taux d'intérêt ou frais vous facturer. Le maintien d'un bon historique de crédit et d'une bonne cote de crédit peut vous aider à accéder au crédit lorsque vous en avez besoin et à économiser de l'argent sur les intérêts et les frais au fil du temps.

Prêts :

Un prêt est un type d'opération financière dans le cadre de laquelle un prêteur fournit de l'argent ou d'autres actifs à un emprunteur, avec l'espoir que l'emprunteur remboursera le prêt au fil du temps, généralement avec des intérêts ou des frais.

Il existe de nombreux types de prêts disponibles, y compris les prêts personnels, les prêts automobiles, les prêts hypothécaires, les prêts étudiants et les prêts aux entreprises. Les conditions d'un prêt peuvent varier considérablement, selon le prêteur, les antécédents de crédit et la situation financière de l'emprunteur, et le but du prêt.

Dans la plupart des cas, lorsque vous contractez un prêt, vous devrez signer un contrat ou une entente qui décrit les modalités du prêt, y compris le montant emprunté, le taux d'intérêt ou les frais, le calendrier de remboursement et toute pénalité en cas de retard ou de paiement manqué.

Il est important de lire et de comprendre les conditions de l'accord de prêt avant de signer, pour vous assurer que vous êtes à l'aise avec les conditions et en mesure d'effectuer les paiements requis à temps.

Les prêts peuvent être un outil utile pour financer des achats importants, comme une maison ou une voiture, ou pour investir dans vos études ou votre entreprise. Cependant, il est important d'utiliser les prêts de manière responsable et de n'emprunter que ce que vous pouvez vous permettre de rembourser, afin d'éviter de vous endetter ou d'endommager votre pointage de crédit.

Si vous envisagez de prendre un prêt, c'est une bonne idée de magasiner et de comparer les offres de différents prêteurs pour trouver les meilleures conditions et taux d'intérêt pour votre situation.

Vous voudrez peut-être aussi envisager de travailler avec un conseiller financier ou un conseiller en crédit pour vous aider à prendre des décisions éclairées au sujet de l'emprunt et de la gestion de vos dettes.

Frais de service de prêt :

Les frais de service de prêt sont des frais qu'un prêteur peut imposer à un emprunteur pour le traitement et le service d'un prêt. Ces frais sont généralement distincts du taux d'intérêt et visent à couvrir les coûts administratifs associés à la gestion du prêt.

Les frais de service de prêt communs comprennent les frais de demande, les frais de montage et les frais de traitement, qui sont facturés lorsque vous présentez votre première demande de prêt. D'autres frais, tels que les frais de retard de paiement, les frais de remboursement anticipé ou les frais de résiliation anticipée, peuvent être facturés pendant la durée du prêt si vous n'effectuez pas les paiements à temps ou choisissez de rembourser le prêt plus tôt.

Le montant des frais de service de prêt qu'un prêteur facture peut varier considérablement selon le type de prêt, les polices du prêteur et la solvabilité de l'emprunteur. Certains prêteurs peuvent facturer des frais fixes pour chaque prêt, tandis que d'autres peuvent facturer un pourcentage du montant du prêt ou du taux d'intérêt.

Il est important de lire et de comprendre l'accord de prêt avant de le signer, pour vous assurer que vous êtes au courant des frais de service de prêt et d'autres coûts associés au prêt. Vous voudrez peut-être également comparer les offres de plusieurs prêteurs pour trouver les meilleures conditions et les meilleurs frais pour votre situation.

Le coût d'un prêt comprend le montant d'argent que vous empruntez plus les intérêts, les frais ou autres frais associés au prêt. Le coût total du prêt est généralement exprimé comme le taux annuel en pourcentage (TAEG), qui comprend à la fois le taux d'intérêt et les frais ou charges.

Le coût du prêt peut varier en fonction d'un certain nombre de facteurs, y compris le type de prêt, le prêteur et votre solvabilité. Certains prêts, comme les prêts sur salaire ou les cartes de crédit à intérêt élevé, peuvent avoir des coûts très élevés en raison des taux d'intérêt et des frais élevés.

En plus des frais d'intérêt, les prêteurs peuvent également facturer des frais pour le traitement et le service du prêt, tels que des frais de demande, des frais de montage ou des frais de retard de paiement. Ces frais peuvent s'additionnez rapidement et augmenter le coût global du prêt.

Pour comprendre le coût d'un prêt, il est important de lire et de comprendre l'accord de prêt, y compris le TAEG et les frais ou charges associés au prêt. Vous voudrez peut-être également comparer les offres de plusieurs prêteurs pour trouver les meilleures conditions et taux pour votre situation. En comprenant le coût du prêt, vous pouvez prendre des décisions éclairées sur l'emprunt et éviter de vous endetter trop.

Intérêts :

L'intérêt est le coût d'emprunt de l'argent, généralement exprimé en pourcentage du montant emprunté. Lorsque vous empruntez de l'argent, vous acceptez de rembourser le montant du capital plus les intérêts sur une période de temps déterminée.

Le taux d'intérêt peut varier en fonction d'un certain nombre de facteurs, y compris le type de prêt, le prêteur et votre solvabilité. Des taux d'intérêt plus élevés signifient généralement que vous paierez plus au fil du temps, tandis que des taux d'intérêt plus bas peuvent vous aider à économiser de l'argent.

Il existe deux types d'intérêts : les intérêts simples et les intérêts composés. L'intérêt simple est calculé en fonction du montant du principal emprunté, tandis que l'intérêt composé est calculé en fonction du montant du principal plus tout intérêt qui s'est déjà accumulé.

Par exemple, si vous empruntez 1 000 $ à un taux d'intérêt de 10 %, vous devez 100 $ en intérêts pour la première année (1 000 $ x 0,10 = 100 $). Avec un simple intérêt, vous devez 100 $ en intérêts chaque année, tandis qu'avec les intérêts composés, vous devez des intérêts sur le montant du principal initial plus tout intérêt qui s'est déjà accumulé.

Lorsque l'on considère les taux d'intérêt, il est important de comprendre les risques et les inconvénients potentiels qui accompagnent l'emprunt d'argent.

Voici quelques facteurs à prendre en compte :

Les taux d'intérêt peuvent changer : les taux d'intérêt peuvent fluctuer en fonction des conditions du marché et d'autres facteurs, ce qui peut avoir une incidence sur le coût d'emprunt. Par exemple, si vous avez un prêt à taux variable, votre taux d'intérêt peut augmenter au fil du temps, ce qui rend vos paiements plus coûteux.

Des taux d'intérêt plus élevés peuvent augmenter le coût d'emprunt : Lorsque vous empruntez de l'argent, vous acceptez de rembourser le montant du principal plus les intérêts. Des taux d'intérêt plus élevés peuvent faire augmenter le coût d'emprunt, ce qui rend plus difficile le remboursement de la dette et peut entraîner des tensions financières.

Les intérêts peuvent être composés : Si vous avez un prêt avec intérêt composé, des intérêts peuvent s'accumuler sur le montant du principal initial plus tout intérêt qui s'est déjà accumulé. Cela peut augmenter considérablement le montant total que vous devez au fil du temps.

Risque de défaut : Si vous n'êtes pas en mesure d'effectuer vos paiements de prêt à temps, vous pourriez être assujetti à des frais de retard ou à des pénalités, ce qui peut augmenter le coût d'emprunt. Si vous ne consentez pas sur le prêt, votre pointage de crédit peut être affecté négativement et vous pourriez faire face à des poursuites judiciaires ou à des efforts de recouvrement.

Coût d'opportunité : Lorsque vous empruntez de l'argent, vous utilisez essentiellement un revenu futur pour payer quelque chose aujourd'hui. Cela signifie que vous sacrifiez peut-être des occasions financières futures, comme épargner pour la retraite ou investir dans une entreprise, afin de rembourser vos dettes.

Pour atténuer ces risques, il est important d'examiner attentivement les conditions et le taux d'intérêt de tout prêt avant d'emprunter, et d'emprunter uniquement ce que vous pouvez vous permettre de rembourser. Vous voudrez peut-être aussi envisager de créer un fonds d'urgence et d'explorer d'autres options de financement, comme des subventions, des bourses d'études ou des prêts à faible taux d'intérêt.

Investissement

L'investissement fait référence à l'acte de mettre de l'argent ou des ressources dans quelque chose dans l'espoir de gagner un profit ou de gagner un autre type d'avantage. En règle générale, l'objectif de l'investissement est de générer un revenu ou d'accroître la richesse au fil du temps.

Il existe de nombreux types de placements, y compris les actions, les obligations, l'immobilier et les fonds communs de placement. Chaque type d'investissement a son propre profil de risque, ses rendements potentiels et sa liquidité, et les investisseurs peuvent choisir de diversifier leur portefeuille pour réduire le risque.

L'un des principes clés de l'investissement est le compromis entre le risque et la récompense. En général, les investissements avec des rendements potentiels plus élevés s'accompagnent également de niveaux de risque plus élevés. Les investisseurs doivent examiner attentivement leur tolérance au risque et leurs objectifs de placement lorsqu'ils décident où placer leur argent.

Un autre aspect important de l'investissement est le concept de capitalisation. En réinvestissant les bénéfices ou les dividendes, les investisseurs peuvent bénéficier d'une croissance exponentielle au fil du temps. Cela signifie que même de petits investissements effectués dès le début peuvent se composer pour générer des rendements importants sur une longue période de temps.

Il est important de noter que l'investissement n'est pas sans risque et qu'il n'y a aucune garantie de rendement. Les investisseurs doivent toujours faire preuve de diligence raisonnable, rechercher des investissements potentiels de manière approfondie et demander l'avis d'un professionnel de la finance avant de prendre des décisions d'investissement.

Il y a plusieurs raisons pour lesquelles les gens choisissent d'investir leur argent :

Potentiel de rendements plus élevés : Investir peut offrir la possibilité d'obtenir des rendements plus élevés que les comptes d'épargne traditionnels ou d'autres placements à faible risque. Bien que l'investissement comporte toujours un certain niveau de risque, de nombreux types de placements ont toujours fourni des rendements plus élevés à long terme.

Battre l'inflation : L'inflation est le taux auquel le niveau général des prix des biens et des services augmente, ce qui signifie qu'au fil du temps, la même quantité d'argent peut acheter moins. Investir peut potentiellement vous aider à vaincre l'inflation et à maintenir le pouvoir d'achat de votre argent.

Créez de la richesse : Investir peut vous aider à créer de la richesse au fil du temps. En commençant tôt et en faisant des contributions constantes, vous pouvez tirer parti de la puissance de la capitalisation et potentiellement générer des rendements importants à long terme.

Atteindre vos objectifs financiers : Investir peut vous aider à atteindre vos objectifs financiers, comme épargner pour la retraite, payer les études d'un enfant ou acheter une maison. En investissant stratégiquement, vous pouvez travailler à l'atteinte de ces objectifs plus rapidement et plus efficacement.

Diversification : L'investissement peut offrir de la diversification, ce qui peut aider à réduire les risques. En répartissant votre argent entre différents types de placements, vous pouvez potentiellement minimiser l'impact d'un seul investissement qui fonctionne mal.

Il est important de noter que l'investissement comporte toujours un certain niveau de risque et qu'il n'y a aucune garantie de rendement. Avant de prendre des décisions d'investissement, il est important d'examiner attentivement vos objectifs, votre tolérance au risque et votre horizon de placement, et de demander l'avis d'un professionnel de la finance.

Investir votre argent peut offrir de nombreux avantages. Tout d'abord, il peut potentiellement fournir des rendements plus élevés que de garder votre argent dans un compte d'épargne, ce qui peut aider à augmenter votre patrimoine au fil du temps. Deuxièmement, il peut aider à protéger votre argent contre les effets de l'inflation, qui peut éroder la valeur de votre épargne au fil du temps.

De plus, investir peut vous aider à atteindre vos objectifs financiers, comme épargner pour la retraite, acheter une maison ou payer les études de vos enfants. Il peut également fournir une diversification, ce qui signifie répartir votre argent entre différents investissements pour minimiser les risques.

Cependant, l'investissement comporte toujours un certain niveau de risque, il est donc important de faire vos recherches, de demander des conseils professionnels et d'examiner attentivement vos objectifs et votre tolérance au risque avant de prendre des décisions d'investissement.

Investir peut sembler une tâche ardue, mais elle peut être simplifiée en plusieurs étapes. Tout d'abord, vous devriez identifier vos objectifs de placement, comme épargner pour la retraite, acheter une maison ou **accumuler du patrimoine.**

Ensuite, vous devez déterminer votre tolérance au risque, qui fait référence au montant du risque que vous êtes prêt à assumer pour atteindre vos objectifs de placement.

Ensuite, vous devriez choisir un compte de placement qui répond à vos besoins, comme un compte de courtage ou un compte de retraite. Après cela, il est temps de rechercher différentes options de placement, telles que les actions, les obligations, les fonds communs de placement ou l'immobilier, et de créer un portefeuille diversifié qui répartit vos investissements entre plusieurs catégories d'actifs afin de minimiser les risques.

Il est important de surveiller et d'ajuster régulièrement votre portefeuille au besoin, et de demander l'avis d'un conseiller financier ou d'un courtier pour vous aider à prendre des décisions éclairées. Gardez à l'esprit que l'investissement comporte toujours un certain niveau de risque, il est donc crucial d'examiner attentivement vos objectifs et votre tolérance au risque avant de prendre des décisions d'investissement.

Décider quand investir dépend de plusieurs facteurs, notamment :

Vos objectifs financiers : Vos objectifs de placement détermineront votre horizon de placement. Si vos objectifs sont à long terme, vous pourriez être en mesure de prendre plus de risques et d'investir dans des actions, tandis que les objectifs à court terme peuvent nécessiter des investissements plus conservateurs tels que les obligations.

Conditions du marché : Les conditions du marché peuvent également jouer un rôle lorsque vous choisissez d'investir. Si le marché connaît un ralentissement, c'est peut-être le bon moment pour investir, car les cours des actions peuvent être plus bas. À l'inverse, si le marché connaît une course haussière, vous voudrez peut-être faire preuve de prudence et envisager d'attendre une baisse des prix avant d'investir.

Votre situation financière personnelle : Votre situation financière personnelle, y compris vos revenus, vos dépenses et vos dettes, peut également influencer le moment où vous décidez d'investir. Vous voudrez peut-être rembourser une dette à taux d'intérêt élevé avant d'investir ou constituer un fonds d'urgence avant de vous engager dans des investissements à long terme.

Indicateurs économiques : Les indicateurs économiques, comme les taux d'inflation et les taux d'intérêt, peuvent également avoir une incidence sur les décisions d'investissement. Par exemple, si l'inflation est élevée, investir dans des actions ou d'autres actifs dont la valeur s'apprécie peut vous aider à vaincre l'inflation.

Conseils professionnels : C'est toujours une bonne idée de demander l'avis d'un professionnel de la finance, comme un conseiller financier ou un courtier, qui peut vous fournir des conseils sur les stratégies de placement et vous aider à prendre des décisions éclairées. Ils peuvent vous aider à identifier le meilleur moment pour investir en fonction de vos objectifs et de votre tolérance au risque.

Étape 3 :

Réaliser le pouvoir du temps

Le pouvoir du temps

Le pouvoir du temps est un facteur important pour réussir alors qu'il est encore jeune. Le jeune âge offre aux individus une meilleure santé, des niveaux d'énergie plus élevés, une plus grande disponibilité et une capacité plus importante d'apprendre et de prendre des risques, ce qui en fait un moment idéal pour poursuivre des objectifs et des rêves.

En plus des jeunes, il est également crucial d'avoir une forte passion et une détermination à atteindre ses objectifs. Ces traits donnent aux individus la motivation et la motivation de persévérer dans les défis et les revers, ce qui leur permet de continuer à aller de l'avant et à progresser vers leurs objectifs.

Investir du temps et des efforts dans les activités pendant qu'ils sont jeunes permet également aux individus de développer leurs compétences et leurs capacités, en acquérant une expérience et des connaissances précieuses qui peuvent les préparer à un plus grand succès à l'avenir. Cela est particulièrement important dans le marché du travail en évolution rapide d'aujourd'hui, où le fait d'avoir un ensemble diversifié de compétences et d'expérience est très apprécié.

Le pouvoir du temps est une chose incroyable, surtout quand il s'agit de réaliser nos rêves et nos objectifs pendant que nous sommes jeunes. Vous voyez, quand nous sommes jeunes, nous avons plus d'énergie, une meilleure santé et plus de temps à consacrer aux choses qui comptent pour nous. De plus, nous sommes souvent plus enthousiastes et passionnés par la poursuite de nos rêves, ce qui nous permet de rester plus facilement motivés même lorsque nous rencontrons des obstacles ou des revers.

Lorsque nous investissons notre temps et nos efforts dans nos passions et nos objectifs alors que nous sommes encore jeunes, nous sommes également en mesure de développer nos compétences et nos capacités. Cette expérience et ces connaissances peuvent alors nous aider à l'avenir, que nous poursuivions une carrière ou que nous démarrions notre propre entreprise.

De plus, en prenant des risques et en essayant de nouvelles choses pendant que nous sommes jeunes, nous sommes en mesure d'apprendre de nos erreurs et de développer la résilience, ce qui peut également nous aider plus tard dans la vie.

Le pouvoir du temps aide à atteindre vos objectifs financiers sur une plus longue période de temps grâce à des investissements cohérents et disciplinés. En commençant tôt et en investissant régulièrement au fil du temps, vous pouvez profiter du pouvoir du temps pour atteindre vos objectifs financiers, tels que la création de patrimoine.

Prenons l'exemple de deux personnes qui veulent toutes les deux épargner pour la retraite. Une personne commence à investir à l'âge de 25 ans et investit régulièrement jusqu'à l'âge de 65 ans, tandis que l'autre personne attend jusqu'à l'âge de 45 ans pour commencer à investir et investit le même montant chaque année jusqu'à l'âge de 65 ans. En supposant un taux de rendement annuel de 7 %, la première personne aurait économisé plus de 500 000 $ à l'âge de 65 ans, tandis que la deuxième personne n'aurait épargné qu'environ 110 000 $.

Cela démontre la puissance du temps par rapport aux capacités. En commençant tôt et en investissant régulièrement sur une longue période de temps, les individus ont le potentiel d'atteindre une plus grande réussite financière et d'atteindre leurs objectifs financiers plus facilement que ceux qui attendent et investissent pendant une période plus courte.

Il est important de noter que le pouvoir du temps n'est pas une garantie de succès financier et que l'investissement comporte toujours un certain degré de risque. Il est important de mener des recherches approfondies et de demander l'avis d'un professionnel de la finance avant de prendre des décisions d'investissement.

Le pouvoir du temps fait référence au concept selon lequel plus vous conservez longtemps un investissement, plus vos rendements potentiels peuvent être élevés. Cela est dû à l'effet de la capitalisation, où les rendements générés par un investissement sont réinvestis et peuvent générer des rendements supplémentaires à l'avenir.

Par exemple, si vous investissez 10 000 $ dans une action qui génère un rendement annuel de 8 %, après un an, vous aurez gagné 800 $ en rendements. Si vous réinvestissez ces 800 $, votre investissement vaudra 10 800 $ à la fin de la deuxième année. Si vous continuez à réinvestir vos rendements, votre investissement augmentera de façon exponentielle au fil du temps.

Le pouvoir du temps permet également aux investisseurs de surmonter les fluctuations du marché à court terme et de bénéficier des tendances de croissance à long terme. En investissant tôt et en permettant à vos placements de croître au fil du temps, vous pouvez potentiellement créer une quantité importante de richesse pour l'avenir.

Cependant, il est important de noter que l'investissement comporte toujours un certain degré de risque et que les performances passées ne sont pas indicatives des résultats futurs. Il est important de mener des recherches approfondies et de demander l'avis d'un professionnel de la finance avant de prendre des décisions d'investissement.

Pour commencer, lorsque nous sommes jeunes, nous avons plus d'énergie, une meilleure santé et moins de responsabilités, ce qui signifie que nous pouvons consacrer plus de temps et d'efforts aux choses qui comptent pour nous. Nous avons également la capacité d'apprendre et d'absorber de nouvelles informations plus rapidement, ce qui nous permet de développer des compétences et des connaissances qui peuvent bien nous servir à l'avenir.

De plus, être jeune peut être une période de grande créativité et d'exploration. C'est un moment où nous sommes plus susceptibles de prendre des risques, d'essayer de nouvelles choses et de poursuivre nos passions sans crainte d'échec. Cet état d'esprit peut être incroyablement bénéfique, car il nous permet de découvrir de nouveaux talents et intérêts, de renforcer la résilience et la confiance, et de développer un sentiment de but et de direction pour nos vies.

Un autre avantage d'être jeune est la capacité d'établir des liens et des relations solides. Que ce soit avec la famille, les amis ou les partenaires romantiques, les liens que nous créons lorsque nous sommes jeunes peuvent souvent durer toute une vie et nous fournir un sentiment de soutien, de confort et d'appartenance.

La valeur du temps quand vous êtes jeune :

Le temps est peut-être l'une des ressources les plus précieuses dont vous disposez lorsque vous êtes encore jeune. C'est une ressource limitée que nous ne pouvons pas récupérer une fois qu'elle est passée, c'est pourquoi il est important de l'utiliser à bon escient. La valeur du temps réside dans le fait qu'il nous permet d'atteindre nos objectifs, de poursuivre nos passions et de vivre une vie épanouissante.

Le temps est une marchandise qui est également accessible à tous, quels que soient leurs antécédents ou leurs ressources. C'est à nous de décider comment nous utilisons ce temps et ce que nous choisissons de prioriser. En investissant notre temps dans des choses qui comptent pour nous, nous pouvons créer une vie qui est significative et épanouissante.

Le temps nous donne également l'occasion d'apprendre, de grandir et de nous développer en tant qu'individus. Que ce soit en lisant des livres, en poursuivant de nouveaux passe-temps ou en suivant des cours, le temps nous permet d'acquérir des connaissances et des compétences qui peuvent améliorer nos vies et nous aider à atteindre nos objectifs.

De plus, le temps est essentiel pour établir des relations et se connecter avec les autres. Il nous permet de passer du temps de qualité avec nos proches, d'établir des liens solides avec nos collègues et amis et de créer un sentiment de communauté et d'appartenance.

La valeur du temps en ce qui concerne l'argent est importante. Le temps est une ressource précieuse qui ne peut être achetée ou vendue. Cependant, il faut du temps pour gagner de l'argent, et le temps investi peut avoir un impact direct sur le montant d'argent gagné.

Le temps peut également être un facteur de croissance et de durabilité des investissements. Plus un investissement doit croître longtemps, plus il a de temps pour accumuler des intérêts composés et s'apprécier en valeur.

D'autre part, le temps peut également être un coût, car plus il faut de temps pour gagner de l'argent, plus il y a de possibilités pour les dépenses et l'inflation d'éroder le pouvoir d'achat de cet argent. Par conséquent, la gestion efficace du temps est cruciale pour tirer le meilleur parti des opportunités financières et atteindre les objectifs financiers.

Temps et argent :

Le temps peut diminuer la valeur de l'argent en raison de l'inflation. L'inflation est l'augmentation progressive des prix des biens et des services au fil du temps, ce qui signifie que le même montant d'argent peut acheter moins à l'avenir qu'il ne le peut aujourd'hui.

Par exemple, si le taux d'inflation est de 2 % par année, alors dans 10 ans, le pouvoir d'achat de 100 $ diminuera à environ 82 $. Par conséquent, si vous économisez de l'argent pendant une longue période sans l'investir dans des actifs qui peuvent suivre ou dépasser l'inflation, vous risquez de perdre la valeur de cet argent au fil du temps.

C'est pourquoi il est important d'investir dans des actifs qui peuvent générer un rendement supérieur au taux d'inflation, tels que des actions, des biens immobiliers ou des obligations. Ce faisant, vous pouvez protéger le pouvoir d'achat de votre argent et potentiellement augmenter votre patrimoine au fil du temps.

Valeur du temps et de l'investissement :

Le temps peut augmenter la valeur de votre investissement grâce au pouvoir des intérêts composés. L'intérêt composé est l'intérêt gagné à la fois sur le montant du principal et sur l'intérêt déjà gagné.

Cela signifie qu'au fil du temps, votre investissement peut croître à un rythme exponentiel, car les intérêts gagnés sur votre investissement initial sont réinvestis pour gagner encore plus d'intérêts.

Par exemple, si vous investissez 10 000 $ dans une action avec un rendement annuel de 8 %, après un an, votre investissement vaudrait 10 800 $. Si vous réinvestissez les 800 $ gagnés en intérêts et que l'action continue de gagner 8 % chaque année, après 10 ans, votre investissement vaudrait plus de 21 500 $.

En effet, les intérêts gagnés au cours de la première année rapportent des intérêts au cours des années suivantes, ce qui entraîne un effet boule de neige qui peut augmenter considérablement la valeur de votre investissement au fil du temps.

Par conséquent, plus vous investissez longtemps votre argent, plus il a de temps pour croître et se composer, ce qui peut entraîner un retour sur investissement initial beaucoup plus important. C'est pourquoi il est important de commencer à investir le plus tôt possible et de rester investi à long terme, en laissant le temps de travailler en votre faveur pour augmenter la valeur de votre investissement.

Temps et intérêts :

Le temps peut augmenter le coût des prêts, du crédit et des taux d'intérêt en raison du concept d'intérêt composé. Plus vous prenez de temps pour rembourser un prêt ou un crédit, plus les intérêts s'accumuleront au fil du temps, ce qui se traduira par un coût global plus élevé.

De même, lorsque l'on emprunte de l'argent, plus le délai de remboursement est long, plus le taux d'intérêt a tendance à être élevé, ce qui peut entraîner un coût d'emprunt plus élevé. C'est pourquoi il est important de rembourser les prêts et le crédit le plus rapidement possible afin de minimiser l'impact des intérêts composés et de réduire le coût global.

Lorsque vous empruntez de l'argent à un prêteur, ils vous facturent des intérêts à titre de frais pour emprunter leur argent. Ce taux d'intérêt est généralement exprimé sous forme de taux annuel en pourcentage (TAEG), et c'est le coût d'emprunt d'argent sur une période de temps.

Plus vous prenez de temps pour rembourser le prêt, plus les intérêts s'accumuleront, ce qui augmentera le coût global du prêt. En effet, les intérêts sont généralement calculés sur le solde restant du prêt, de sorte que plus il faut de temps pour le rembourser, plus les intérêts s'accumuleront.

Le même concept s'applique aux cartes de crédit. Si vous avez un solde sur votre carte de crédit et que vous n'effectuez que le paiement minimum chaque mois, les intérêts continueront de s'accumuler sur le solde restant, qui peut rapidement s'accumuler au fil du temps. C'est pourquoi il est important de rembourser les dettes de carte de crédit le plus rapidement possible pour éviter de payer des frais d'intérêt inutiles.

D'autre part, lorsque vous investissez votre argent, le temps peut travailler en votre faveur en permettant à vos investissements de croître et de s'accumuler au fil du temps. Plus votre argent reste investi longtemps, plus il a de temps pour croître et potentiellement gagner un rendement plus élevé.

C'est pourquoi il est important de commencer à investir le plus tôt possible, car même de petites sommes d'argent peuvent croître considérablement au fil du temps grâce au pouvoir des intérêts composés.

La théorie de « Tout maintenant » suggère que nous devrions donner la priorité à l'efficacité et à la productivité en multitâche et en faisant tout à la fois, tandis que la théorie de « Une chose à la fois » suggère que nous devrions nous concentrer sur l'achèvement d'une tâche à la fois d'une manière délibérée et ciblée.

Les partisans de la théorie « Tout maintenant » soutiennent que la vie moderne est rapide et exige que nous jonglons avec plusieurs tâches simultanément. Ils croient que le multitâche peut augmenter l'efficacité et la productivité parce que nous pouvons accomplir plus en moins de temps.

D'autre part, les partisans de la théorie « Une chose à la fois » soutiennent que le multitâche peut en fait diminuer la productivité et augmenter le stress. Ils croient qu'en nous concentrant sur une tâche à la fois, nous pouvons lui accorder toute notre attention et la mener à bien de manière plus efficace et efficiente. Ils soutiennent également que le multitâche peut entraîner des erreurs et des erreurs, ce qui peut finalement coûter plus de temps et de ressources à long terme.

En réalité, les deux théories ont leurs mérites, et la meilleure approche peut dépendre de la tâche spécifique et des préférences individuelles. Certaines tâches peuvent nécessiter un multitâche, comme répondre aux courriels lors d'une conférence téléphonique, tandis que d'autres peuvent nécessiter une approche plus ciblée, comme la rédaction d'un rapport important.

En fin de compte, la clé est de trouver un équilibre entre les deux approches qui fonctionne le mieux pour l'individu et la tâche à accomplir. Il est important d'être conscient de la façon dont nous abordons notre travail et d'être prêt à ajuster nos stratégies au besoin pour maximiser l'efficacité et la productivité.

Le voyage pour devenir riche

Maintenant que nous avons établi les bases du développement personnel et psychologique nécessaires à la création de richesses, il est temps de passer à l'étape suivante. Cela peut impliquer l'acquisition de nouvelles compétences, le réseautage avec d'autres personnes qui réussissent et la détermination des possibilités de croissance et d'investissement.

La création de richesses n'est pas un événement ponctuel, mais plutôt un processus continu qui nécessite des efforts et un dévouement continus. En restant concentré sur vos objectifs et en restant engagé dans le processus, vous pouvez continuer à améliorer votre situation financière et à atteindre le succès à long terme.

N'oubliez pas que le succès n'est pas seulement une question de gain financier, mais aussi de croissance personnelle et d'épanouissement. En maintenant un état d'esprit positif et en cultivant des habitudes saines, vous pouvez jeter les bases d'une vie épanouissante et prospère.

Devenir riche

Devenir riche ne nécessite pas de stratégies secrètes, mais plutôt une série de petites actions, des habitudes disciplinées et une volonté de commencer à gérer vos finances.

Commencer le voyage vers la réussite financière est plus important que de viser la perfection. Beaucoup de gens se sentent dépassés et croient qu'ils ont besoin d'être des experts financiers pour gérer leur argent efficacement, ce qui les amène à éviter de prendre des mesures.
Ainsi, l'approche la plus simple pour gérer votre argent est de le prendre étape par étape et de ne pas se soucier d'atteindre la perfection absolue.

Bâtir de la richesse et réussir financièrement ne nécessite pas une stratégie complexe ou une formule magique. En fait, le chemin vers le succès est assez simple : **pour réussir sur le plan financier, il est essentiel de maintenir un équilibre entre les revenus et les dépenses. Cela signifie que vous devriez viser à gagner plus que ce que vous dépensez et essayer d'économiser autant que vous le pouvez.**

Cependant, il peut être difficile d'exécuter ce plan dans un monde où les prêts étudiants, l'augmentation du coût de la vie, l'inflation et les urgences financières inattendues ne sont que trop courants. Malgré ces défis, il est possible de surmonter les obstacles et d'atteindre la sécurité financière.

Économiser de l'argent n'est que la première étape vers la réussite financière. Une fois que vous avez accumulé votre épargne, il est important de faire en sorte que votre argent fonctionne pour vous en l'investissant judicieusement.

Investir peut aider votre épargne à croître au fil du temps et à générer un revenu supplémentaire, ce qui vous permet d'atteindre vos objectifs financiers plus rapidement. Cependant, il est important de se rappeler que l'investissement comporte un certain degré de risque et nécessite des recherches et une planification minutieuses pour vous assurer que vous connaissez des décisions financières éclairées.

Étape 4

TE-SIDE

Fixez-vous des objectifs pour vos finances

Éliminez complètement vos dettes

Constituer un fonds d'urgence

Commencez votre parcours d'investissement immédiatement

Élargissez votre portefeuille de placements

Augmentez vos gains

L'étape 4 se compose de : TE-SIDE

Target	Objectif
Eliminate Debt	Éliminer la dette
Save	Économiser
Invest	Investir
Diversify	Diversifier
Extra Income	Revenu supplémentaire

TE-SIDE :

- **Objectif**

Établir des objectifs financiers :

L'établissement d'objectifs financiers est essentiel à la réussite à long terme. Il est important d'avoir une compréhension claire de ce que vous voulez réaliser et de créer un plan pour y arriver.

Les objectifs financiers peuvent inclure l'épargne pour une mise de fonds sur une maison, la création d'un fonds de retraite, le remboursement de dettes ou l'épargne pour les études d'un enfant.

Voici quelques exemples d'objectifs financiers précis :

- Économisez 20 000 $ pour une acompte sur une maison au cours des deux prochaines années
- Remboursez 10 000 $ en dette de carte de crédit au cours de la prochaine année
- Cotiser 5 000 $ par année à un compte de retraite
- Économisez 10 000 $ pour les études collégiales d'un enfant au cours des cinq prochaines années

- **<u>Éliminer la dette</u>**

Détruisez vos dettes : Les dettes peuvent être un obstacle important à la réussite financière. Les dettes à taux d'intérêt élevé, comme les dettes de carte de crédit, peuvent rapidement s'accumuler et entraîner des tensions financières. Pour « détruire » votre dette, il est important de créer un plan pour la rembourser le plus rapidement possible.

Voici quelques stratégies pour rembourser la dette :

- Créer un budget et prioriser les paiements de la dette
- Envisager de regrouper la dette à taux d'intérêt élevé en un prêt à taux d'intérêt plus faible
- Utilisez la méthode de l'avalanche de dettes ou de la boule de neige pour vous concentrer sur le remboursement d'une dette à la fois
- Évitez d'assumer de nouvelles dettes tout en remboursant la dette existante

- **Économiser**

Créer un coussin : La création d'un coussin, ou d'un fonds d'urgence, est importante pour les dépenses imprévues telles que les réparations de voiture, les factures médicales ou la perte d'emploi. Idéalement, un fonds d'urgence devrait couvrir l'équivalent de trois à six mois de frais de subsistance.

Voici quelques conseils pour créer un fonds d'urgence :

- Fixez-vous un objectif d'épargne et versez des cotisations régulières
- Envisagez de conserver votre fonds d'urgence dans un compte distinct de vos autres économies

-   Donnez la priorité à la création d'un fonds d'urgence plutôt qu'à d'autres objectifs financiers jusqu'à ce que vous ayez un coussin suffisant.

- **<u>Investir</u>**

Commencez à investir maintenant : Investir est crucial pour la réussite financière à long terme. Plus tôt vous commencez à investir, plus votre argent a de temps pour croître.

Voici quelques exemples d'options d'investissement :

-   Comptes de retraite.
-   Fonds communs de placement ou fonds négociés en bourse.
-   Actions ou obligations individuelles.
-   Investissements immobiliers

- **<u>Diversifier</u>**

Diversifiez votre portefeuille : Diversifier votre portefeuille signifie répartir vos placements entre plusieurs classes d'actifs, industries et régions géographiques. Cela peut aider à réduire les risques et à maximiser les rendements.

Voici quelques conseils pour diversifier votre portefeuille :

-   Envisagez d'investir dans un mélange d'actions, d'obligations et d'équivalents de trésorerie
-   Investir dans des entreprises de différents secteurs et industries
-   Envisager des investissements internationaux pour diversifier géographiquement
-   Augmentez votre revenu : L'augmentation de votre revenu peut vous aider à atteindre vos objectifs financiers plus rapidement.

- **Revenu supplémentaire :**

Augmentez votre revenu : L'augmentation de votre revenu peut vous aider à atteindre vos objectifs financiers plus rapidement.

Voici quelques stratégies pour augmenter vos revenus :

- Négociez une augmentation à votre emploi actuel
- Prenez une bousculade latérale ou un travail indépendant
- Envisagez de démarrer une entreprise ou d'investir dans un bien locatif
- Investissez en vous-même en apprenant de nouvelles compétences ou en poursuivant des études supérieures

Bâtissez votre carrière

1. Comment bâtir votre carrière et augmenter vos gains

Bâtir votre carrière peut vous aider à augmenter votre potentiel de gains.

Voici quelques façons de le faire :

- Faites des études ou cherchez de la formation pour développer de nouvelles compétences. Un diplôme d'études collégiales ou une formation professionnelle peut vous aider à vous démarquer auprès d'employeurs potentiels.

- Trouvez un mentor qui peut vous enseigner de précieuses compétences professionnelles.

- Lorsque vous sentez que vous méritez une augmentation, demandez-en une ! Documentez vos réussites et vos réalisations pour montrer à votre employeur pourquoi vous êtes un atout.

2. Complétez votre revenu avec un deuxième emploi ou une bousculade latérale

Si votre premier emploi n'est pas assez payant, envisagez d'obtenir une deuxième source de revenus ou de commencer une activité secondaire. Voici quelques idées :

- Cherchez un emploi à temps partiel ou un travail indépendant.
- Utilisez vos compétences et vos talents pour commencer une activité parallèle en faisant des petits boulots, en prenant des commandes d'art ou en livrant de la nourriture.

3. Choisissez une carrière avec de bonnes perspectives salariales

Choisir une carrière à fort potentiel de gains peut vous aider à devenir riche. Voici quelques exemples de carrières qui sont généralement bien rémunérées :

- Les médecins, les chirurgiens et les anesthésiologistes ont généralement des salaires élevés.
- Les ingénieurs qui travaillent avec des compagnies gazières et pétrolières peuvent bien gagner leur vie.
- Les avocats et les responsables informatiques / ingénieurs logiciels peuvent également gagner beaucoup d'argent.

4. Développez votre carrière en trouvant de nouveaux emplois et de nouveaux employeurs

Une fois que vous avez de l'expérience, envisagez de trouver un nouvel emploi mieux rémunéré dans la même industrie. Voici quelques conseils :

- Recherchez des emplois de premier échelon dans des entreprises qui font de la promotion à l'interne.
- Envisagez de déménager dans une ville où il y a plus de possibilités d'emploi.
- Tenez-vous-en à votre emploi actuel si vous êtes à l'aise, mais n'ayez pas peur de chercher quelque chose de mieux.

Économiser de l'argent et réduire les coûts

Économiser de l'argent et devenir riche est un objectif que beaucoup de gens aspirent à atteindre. Il faut de la discipline, du dévouement et du travail acharné.

1. **Fixez-vous des objectifs financiers et décidez combien vous voulez économiser.**

    La première étape pour économiser de l'argent est de faire un plan. Commencez par vous poser des questions pour déterminer vos objectifs financiers exacts. Quand voulez-vous prendre votre retraite ? Épargnez-vous pour des choses comme une famille ou un enfant ? Que voulez-vous faire une fois que vous êtes riche ?

    Fixez vos objectifs et déterminez à peu près combien d'argent vous devez économiser pour réaliser votre idée de « riche ». Lorsque vous déterminez combien d'argent vous souhaitez accumuler, assurez-vous de faire d'un fonds d'urgence l'un de vos objectifs si vous n'en avez pas déjà un.

    Les fonds d'urgence sont généralement égaux à 3 à 6 mois de frais de subsistance. Si quelque chose se produit, comme la perte d'un emploi ou une urgence médicale, ils vous permettent de payer pour ce dont vous avez besoin sans connaître de crise financière.

2. **Épargnez 15 % de votre revenu brut annuel.**

    Chaque fois que vous êtes payé, mettez une partie de l'argent dans vos économies et ne le touchez pas. Calculez 15% de chaque chèque de paie et engagez-vous à économiser ce montant chaque fois que vous êtes payé. Ensuite, voyez si vous pouvez commencer à économiser encore plus au fil du temps ; 15% est un bon minimum, mais 20% de votre revenu total est un objectif encore meilleur.

S'enrichir n'est généralement pas un processus immédiat ; c'est le résultat de l'épargne, de l'établissement d'un budget et de l'investissement. **Plus vous économisez maintenant, plus vous en aurez plus tard !**

3. **Établissez un budget mensuel et respectez-le avec diligence.**

    Créez un budget mensuel qui couvre toutes vos dépenses de base et les économies prévues comme illustré ci-dessus tout en laissant un peu d'argent « amusant » de côté si possible.

    Respecter votre budget et économiser au moins de l'argent chaque mois est un bon moyen de jeter les bases de vos efforts pour devenir riche ! Essayez d'utiliser une application de budgétisation comme Mint ou Everydollar pour établir un budget.

4. **Gardez une trace de toutes vos dépenses pour économiser de l'argent efficacement.**

    Le suivi de vos dépenses est essentiel pour réduire efficacement les coûts et respecter votre budget mensuel. Plus vous surveillez vos dépenses personnelles de près, plus il sera facile de respecter le budget et de constituer votre patrimoine ! Choisissez une application de suivi des dépenses (Mint et Everydollar peuvent également le faire) et économiser chaque centime qui entre et sort de votre portefeuille.

    Après environ 3 mois, vous serez en mesure de savoir où va la plupart de votre argent et où vous pouvez le faire aller encore plus loin.

5. **Débarrassez-vous de toutes vos dettes et engagez-vous à rester libre de dcttcs.**

La dette continuera à drainer votre argent au fur et à mesure que vous le gagnerez, ce qui rendra assez difficile de devenir riche tant que vous avez une dette attachée à votre nom.

Si vous avez une dette, faites-en de votre remboursement l'une de vos principales priorités financières. Une fois que vous êtes libre de dettes, faites de votre mieux pour rester ainsi dans un avenir prévisible ! Essayez d'utiliser de l'argent comptant (ou de débit) plus que vous n'utilisez une carte de crédit.

Les personnes qui utilisent des cartes de crédit pour leurs achats finissent souvent par dépenser plus d'argent, et il est facile de s'endetter si vous ne pouvez pas rembourser votre carte chaque mois.

Si vous continuez à utiliser une carte de crédit régulièrement, essayez de rembourser le solde complet chaque mois à temps pour obtenir un crédit sans intérêt et éviter les frais de retard.

Envisagez de refinancer votre maison si vous avez un gros prêt hypothécaire de 30 ans, prenez plutôt un prêt hypothécaire de 15 ans. De cette façon, vous pouvez rembourser votre dette plus rapidement et économiser de l'argent en payant moins de frais d'intérêt.

6. Cherchez des moyens de réduire vos frais de subsistance et d'économiser de l'argent

Ce n'est un secret pour personne que les frais de subsistance peuvent s'additionnent rapidement. Que vous essayiez d'économiser de l'argent pour un achat important, de rembourser vos dettes ou simplement d'être plus responsable financièrement, la réduction de vos frais de subsistance peut être un excellent moyen d'atteindre vos objectifs.

La bonne nouvelle est qu'il existe de nombreuses façons de réduire les coûts dans votre vie quotidienne sans trop sacrifier.

L'un des moyens les plus simples de réduire vos frais de subsistance est de chercher des coins que vous pouvez couper. Par exemple, essayez de manger moins souvent et de cuisiner plus de repas à la maison. Vous pourriez être surpris de voir combien d'argent vous pouvez économiser en faisant cela.

Économiser quelques dollars ici et là n'aura peut-être pas l'impression de « s'enrichir », mais cela fera absolument une différence à long terme. L'argent s'additionne, c'est pourquoi même de petits changements dans vos habitudes de dépenses peuvent entraîner des économies importantes au fil du temps.

Si vous cherchez des moyens plus spectaculaires de réduire vos frais de subsistance, envisagez de réduire la taille de votre voiture ou de votre maison. Par exemple, vous pourriez être en mesure de vous contenter d'un appartement au lieu d'une maison ou d'acheter une voiture d'occasion au lieu d'une nouvelle.

Ces changements peuvent prendre un certain temps pour s'y habituer, mais ils peuvent vous faire économiser beaucoup d'argent à long terme.

Un autre moyen facile de réduire vos frais de subsistance est d'éviter de dépenser de l'argent pour des choses dont vous n'avez pas besoin. Par exemple, si vous avez l'habitude de vous arrêter chez Starbucks tous les matins pour un café de créateurs à 4 $, envisagez plutôt de faire du café à la maison.

Ces 4 $ peuvent ne pas sembler beaucoup, mais cela s'additionne rapidement. Si vous sautez Starbucks tous les jours de la semaine pendant un an, vous économiserez 1 460 $. C'est une somme d'argent importante que vous pourriez plutôt consacrer à vos objectifs financiers.

7. Vivre un style de vie modeste

Vivre un style de vie modeste peut ne pas sembler être le moyen le plus glamour de devenir riche, mais c'est l'un des moyens les plus faciles de maintenir la richesse et d'atteindre la stabilité financière au fil du temps.

Alors que vous commencez à gagner plus d'argent, il est tentant de commencer à dépenser plus pour le luxe et à vivre un style de vie plus extravagant. Cependant, la clé pour créer de la richesse est de résister à cette envie et de continuer à épargner et à investir davantage.

Lorsque vous commencez à accumuler plus d'argent de votre carrière, de vos économies et de vos investissements, il est facile de tomber dans le piège de dépenser plus que vous ne le devriez.

Il est important d'être conscient de vos habitudes de dépenses et d'éviter de faire des achats impulsifs qui pourraient éventuellement nuire à votre santé financière à long terme.

Par exemple, disons que vous vivez actuellement dans un excellent appartement dans une belle partie de la ville, payant 1 200 $ par mois en loyer. Si vous commencez soudainement à gagner plus d'argent, vous pourriez être tenté de passer à un appartement plus cher qui coûte 1,600 $ par mois. Mais avez-vous vraiment besoin de le faire ? Est-il nécessaire de dépenser 400 $ de plus chaque mois simplement parce que vous pouvez vous le permettre ?

Vivre un style de vie modeste signifie être satisfait de ce que vous avez et être conscient de vos habitudes de dépenses. Cela ne signifie pas que vous ne pouvez pas profiter des fruits de votre travail, mais cela signifie être réfléchi au moment où vous dépensez de l'argent parce que vous le pouvez et quand c'est vraiment nécessaire.

En vivant selon vos moyens, vous pouvez éviter de vous endetter et d'accumuler des dépenses inutiles. Au lieu de cela, vous pouvez vous concentrer sur la création de richesse au fil du temps en épargnant et en investissant une plus grande partie de votre revenu.

Vous pouvez également profiter des occasions de réduire vos dépenses et d'économiser de l'argent, comme réduire vos habitudes alimentaires, réduire la taille de votre voiture ou de votre maison et réduire vos factures de services publics.

8. Soyez sage avec vos dépenses en faisant des choix intelligents et en évitant les erreurs financières

La prise de décisions financières éclairées est essentielle à la construction et au maintien d'un avenir financier stable. Il peut être difficile de joindre les deux bouts, surtout lorsque vous dépensez votre argent durement gagné sur des choses qui n'ont pas d'importance ou qui ne vous aideront pas à aller de l'avant. Par conséquent, il est crucial de réévaluer les choses pour lesquelles vous dépensez de l'argent et d'apprendre à gérer votre argent judicieusement.

L'une des étapes essentielles vers la réussite financière est de déterminer quand quelque chose en vaut vraiment la peine et quand il s'agit de dépenses frivoles. Par exemple, les jeux de hasard dans les casinos et l'achat de billets de loterie sont statistiquement peu susceptibles de vous aider à devenir riche, mais sont plus susceptibles de vider votre portefeuille au fil du temps. Il est essentiel d'éviter ces trous noirs financiers qui peuvent entraîner des difficultés financières à long terme.

Une autre erreur courante que les gens font est de dépenser de l'argent sur des articles luxueux comme un billet d'avion de première classe. Bien qu'il soit confortable, il ne vaut peut-être pas le supplément de 1 000 $ ou plus. Vous pouvez toujours atteindre votre destination tout aussi bien en autocar, et vous pouvez économiser cet argent supplémentaire pour d'autres dépenses essentielles.

Il est également essentiel d'éviter de faire des achats qui se déprécient rapidement, comme l'achat d'une nouvelle voiture d'une valeur de 50 000 $ ou plus. De tels achats peuvent être un gaspillage d'argent parce qu'ils ne vaudront pas la moitié de ce montant dans cinq ans. Au lieu de cela, envisagez d'acheter une voiture moins chère qui peut vous servir tout aussi bien et être plus efficace financièrement.

Investir judicieusement de l'argent

Alors que le monde continue d'évoluer et que l'économie change, il n'y a aucun moyen garanti de devenir riche du jour au lendemain, il existe plusieurs avenues que les milléniaux peuvent explorer pour augmenter leur richesse.

Devenir un agent immobilier est l'un des moyens les plus rapides et les plus lucratifs pour les milléniaux de générer de la richesse rapidement. Selon Marcus P. Miller, CFP, un conseiller financier chez Mainstay Capital, on peut devenir un agent immobilier agréé en complétant la formation pré-licence requise de leur État, en réussissant l'examen de licence de leur État, puis en se faisant embaucher ou en rejoignant une maison de courtage.

En tant qu'agent immobilier, on peut gagner de l'argent rapidement en vendant des maisons et en percevant des commissions.

Démarrer une entreprise numérique, prendre du travail indépendant, devenir consultant ou offrir des services de coaching sont également d'excellents moyens pour les milléniaux de générer de la richesse rapidement. En identifiant leurs compétences ou leur expertise, ils peuvent commercialiser leurs services via les médias sociaux et d'autres plateformes pour trouver des clients qui sont prêts à payer pour leurs services.

Démarrer une petite entreprise est une autre option pour les milléniaux qui cherchent à générer de la richesse rapidement. Ils peuvent démarrer une entreprise dans n'importe quel domaine et commencer à gagner de l'argent dès qu'ils mettent leur entreprise en marche.

Sauter sur la tendance de la location à court terme est également un excellent moyen de générer des revenus. Alors que les voyages continuent de se développer après la pandémie, les locations à court terme via des sites comme Airbnb et VRBO deviennent de plus en plus populaires. La location d'une chambre ou d'une propriété sur ces plateformes peut rapporter un revenu important.

Investir dans l'immobilier est une autre option que les milléniaux peuvent explorer. Avec une inflation élevée et des taux d'intérêt élevés, la plupart des investissements sont coûteux et offrent des rendements rapides limités. Cependant, les propriétés locatives résidentielles offrent un plancher de plus grande valeur et une excellente résilience lors d'une inflation élevée, ce qui en fait un bon choix d'investissement.

Enfin, **demander l'avis d** 'un conseiller financier peut aider les milléniaux à prendre des décisions plus confiantes sur la gestion de leur argent et de leurs investissements futurs. Les conseillers financiers peuvent fournir des conseils et des orientations personnalisés, en travaillant avec les milléniaux pour élaborer un plan pour atteindre leurs objectifs financiers uniques et les préparer à l'imprévu.

Pour être riche

Qu'Est-Ce Que Cela Signifie D'Être Riche ? Conseils et idées d'experts financiers

Quand vous pensez au mot « riche », qu'est-ce qui vous vient à l'esprit ? Peut-être un style de vie luxueux rempli de voitures exotiques, de vêtements de créateurs et de jets privés ? Bien que ces choses puissent être associées à la richesse, être riche signifie beaucoup plus que de simples possessions matérielles.

Selon Andrew Lokenauth, PDG de Fluent in Finance LLC, être riche signifie avoir le temps et la liberté de lieu pour faire les choses qui comptent pour vous. En d'autres termes, être riche, c'est avoir la flexibilité de vivre la vie selon ses propres termes.

Mais comment y arrivez-vous ? De nombreux experts financiers s'accordent à dire que la richesse vient souvent d'abord de la frugalité. Kyle Kroeger, expert financier chez The Impact Investor, élargit la définition de riche pour signifier « quelqu'un (qui) gagnait régulièrement assez pour être loin d'être en difficulté à payer ses dépenses fixes telles que le loyer, l'électricité et d'autres services publics, les coûts d'entretien de la voiture, l'assurance maladie et les frais d'éducation ».

Alors, **comment pouvez-vous commencer à créer de la richesse et à atteindre la liberté financière** ?

Rembourser vos dettes : La dette peut vous empêcher d'atteindre vos objectifs financiers. « Si vous cherchez à devenir riche, arrêtez de porter autant de dettes de carte de crédit », conseille Matt Dixon, partenaire RFC et conseiller financier chez TruNorth Advisors.

« Vous devez organiser votre dette et commencer à attaquer d'abord le solde le plus bas en payant autant que possible sur cette carte tout en maintenant des paiements minimums sur vos autres cartes. Cela ne signifie pas que vous ne devriez jamais utiliser une carte de crédit, mais assurez-vous de l'utiliser de manière responsable et d'effectuer vos paiements mensuels.

Surveillez votre risque : Soyez sélectif quant aux opportunités que vous recherchez. « Les gens riches essaient de ne pas prendre trop de risques et sont très soucieux des détails », explique Dixon. Assurez-vous que votre portefeuille est diversifié. Essayez d'investir dans l'immobilier ou la terre. Un portefeuille diversifié peut vous aider à vous protéger contre les hauts et les bas du marché.

Démarrez votre propre entreprise et vendez-la plus tard : Si vous avez un esprit d'entreprise, envisagez de démarrer une entreprise que vous pouvez vendre pour plus d'argent, explique Jared Bauman, cofondateur et PDG de 201 Creative LLC, une agence de marketing numérique. « Pour avoir plus de succès », a-t-il déclaré, « il est préférable de trouver une solution innovante à un problème spécifique sur le marché et de démarrer une entreprise autour de celui-ci. ... Cependant, si vous réussissez, vous récolterez d'énormes récompenses. C'est une pratique courante chez les personnes riches.

Participez à une startup et recevez du stock : les startups abondent toujours, et elles sont toujours à la recherche de sang neuf. « Si vous pouvez acquérir des participations dans une ou plusieurs entreprises en démarrage, vous pourriez faire un gain monétaire important si l'entreprise prospère et flotte ou est vendue à une plus grande entreprise », a déclaré Daniel Carter, directeur du référencement de Skuuudle.

Concentrez-vous sur votre plan de retraite : Les comptes de retraite, qui sont généralement investis sur le marché boursier et donc plus susceptibles de générer de bons rendements, sont un bon moyen de créer du patrimoine pour plus tard. « Si votre employeur a un programme d'épargne-retraite pour les employés, faites un effort pour y contribuer », a déclaré Francis Locknear, fondateur de TheCostGuys.com. « Les employeurs cotiseront aux régimes de retraite le même montant que vous cotisez à votre compte. Vous pouvez envisager un RER ou un REER si votre employeur ne vous offre pas de régime de retraite.

Essayez le marketing d'affiliation : Le marketing d'affiliation est un moyen pour les propriétaires de sites Web, les « influenceurs » des médias sociaux et les blogueurs de promouvoir un produit tiers en fournissant un lien vers celui-ci sur leur site ou leur compte de médias sociaux. Cela vous rapporte des revenus qui peuvent s'accumuler au fil du temps, explique Adam Wood, cofondateur de RevenueGeeks. « Bien qu'Amazon soit le partenaire affilié le plus connu, d'autres

De plus, être riche ne signifie pas nécessairement avoir une somme d'argent exorbitante dans votre compte bancaire. Il s'agit aussi d'avoir une sécurité et une stabilité financières. Selon l'expert financier Kyle Kroeger, quelqu'un qui gagne régulièrement assez pour couvrir ses dépenses fixes telles que le loyer, les services publics, les coûts d'entretien de la voiture, l'assurance maladie et les frais d'éducation peut également être considéré comme riche.

Pour ceux qui cherchent à augmenter leur richesse, le conseiller financier Matt Dixon conseille de rembourser les dettes de carte de crédit et d'organiser la dette pour commencer à attaquer d'abord le solde le plus bas, tout en maintenant des paiements minimums sur d'autres cartes. Cela aide à éliminer la dette, qui peut être un obstacle majeur pour devenir riche.

Cependant, il est également important d'être conscient du risque lors de l'investissement. Les gens riches essaient de ne pas prendre trop de risques et sont très soucieux des détails. Il est essentiel d'être sélectif quant aux opportunités d'investissement que vous recherchez et de vous assurer que votre portefeuille est diversifié pour se protéger contre les hauts et les bas du marché. Investir dans l'immobilier ou la terre est également une option viable pour créer de la richesse.

L'entrepreneuriat est un autre moyen de créer de la richesse, car démarrer une entreprise et la vendre plus tard peut récolter d'énormes récompenses. Le co-fondateur et PDG de 201 Creative LLC, Jared Bauman, suggère que pour avoir plus de succès, il est préférable de trouver une solution innovante à un problème spécifique sur le marché et de démarrer une entreprise autour de celui-ci.

Pour ceux qui ne veulent pas démarrer leur propre entreprise, participer à une **startup** et recevoir des actions est une autre option. Bien que ce soit un petit nombre de startups qui réussissent à grande échelle, les premiers employés d'Apple, de Google et de Microsoft sont devenus millionnaires sur cette base.

Les comptes de retraite sont également un bon moyen de créer de la richesse pour plus tard. Cotiser au programme d'épargne-retraite de votre employeur et envisager un IRA si votre employeur n'offre pas de régime de retraite peut vous mettre sur la voie de la stabilité financière dans vos dernières années.

Le marketing d'affiliation est une autre façon de gagner un revenu au fil du temps. Les propriétaires de sites Web, les influenceurs des médias sociaux et les blogueurs utilisent le marketing d'affiliation pour promouvoir des produits tiers en fournissant un lien vers celui-ci sur leur site ou leur compte de médias sociaux. Cela peut s'accumuler au fil du temps et est considéré comme un moyen passif de gagner de l'argent.

Investir dans des fiducies de placement immobilier (*FPI*) peut également être un moyen de créer de la richesse. Les FPI permettent aux investisseurs de posséder et de gérer des biens immobiliers et de payer peu ou pas d'impôt sur le revenu des sociétés s'ils distribuent la majorité de leurs bénéfices aux actionnaires. Les meilleurs FPI ont l'expérience d'augmenter leurs paiements sur une base annuelle, offrant aux investisseurs un flux constant de dividendes au fil du temps.

Étape 5

LE PLAN

LE PLAN

Être riche est un rêve pour beaucoup, mais cela nécessite une planification minutieuse et une épargne disciplinée. Dans ce dernier chapitre, nous décrirons un plan en six étapes pour vous aider à y arriver alors que vous êtes encore jeune.

Étape #1 : Repensez votre style de vie

La première étape pour être riche à 45 ans est de réévaluer votre style de vie. À moins que vous ne gagniez un revenu très élevé, vous devrez peut-être ajuster vos habitudes de dépenses pour atteindre votre objectif. Commencez par examiner votre budget et identifiez les dépenses non essentielles.

L'élimination des dettes non hypothécaires, telles que les prêts étudiants, les cartes de crédit et les prêts automobiles, peut également aider. Pour devenir riche, il faudra sacrifier un luxe, comme manger à l'extérieur ou se livrer à des passe-temps.

Réduire ces dépenses peut sembler faible, mais ils peuvent faire une grande différence dans l'atteinte de votre objectif. En fin de compte, vous devrez épargner de manière plus agressive et investir plus tactiquement pour prendre une retraite anticipée. L'argent que vous épargnez à l'âge de 45 ans devra vous subvenir à vos besoins pour le reste de votre vie.

Étape #2 : Obtenez clair sur votre vision

Ensuite, définissez ce que « riche » signifie pour vous. Peut-être que cela implique de voyager, d'explorer de nouveaux passe-temps, de démarrer une entreprise ou même de retourner aux études, ou tout simplement de ne plus avoir à travailler à temps plein. Les possibilités sont illimitées, mais vous devrez comprendre combien coûtera votre vision pour élaborer un plan pour y arriver.

La création d'un budget estimatif vous aidera à éviter les lacunes. Incluez tous vos frais de subsistance de base, puis ajoutez d'autres coûts auxquels vous devrez peut-être vous adapter à mesure que vous vieillissez, comme le paiement des études de vos enfants ou l'augmentation des frais de soins de santé.

Un calculateur d'épargne peut vous aider à déterminer le montant dont vous avez besoin pour atteindre votre objectif.

Étape #3 : Accélérez votre revenu

La plupart des gens entrent dans leurs années de gains de pointe dans leurs années 40 et 50. Si vous prévoyez prendre votre retraite d'ici là, vous devrez peut-être accélérer le rythme de vos gains maintenant. Vous pourriez demander une promotion ou une augmentation de salaire à votre emploi actuel ou **prendre un emploi à temps partiel**.

Si ce ne sont pas des options, envisagez de démarrer une **activité secondaire** ou une **petite entreprise** pour augmenter vos revenus. Utilisez ce flux de revenus supplémentaire pour l'investir et faire en sorte que ce revenu fonctionne pour vous en réinvestissant tout cela.

Plus votre revenu est élevé, plus vous pouvez épargner. Concentrez-vous sur l'augmentation des cotisations à vos **comptes de placement** plutôt que de vivre plus somptueusement que vous gagnez un salaire plus élevé.

Étape #4 : Investir stratégiquement

Les experts en investissement conviennent que plus vous êtes jeune, plus vous pouvez vous permettre de prendre de risques. Mais devenir riche pendant que vous êtes encore jeune ajoutera une ride à cette logique. Si vous savez que vous voulez être riche à 45 ans, vous voudrez peut-être adopter une approche plus conservatrice afin de ne pas compromettre votre plan.

Lorsque vous ajoutez des placements à votre portefeuille, assurez-vous de diversifier. Tenez également compte des frais que vous payez pour chaque investissement. Les frais peuvent grignoter vos retours au fil du temps, vous devez donc les minimiser dans la mesure du possible.

Étape #5 : Gérez votre obligation fiscale

Investir signifie rééquilibrer périodiquement pour rester sur la bonne voie avec vos objectifs de performance et la récolte des pertes fiscales. La récolte des pertes signifie la vente d'un actif dont la valeur a diminué pour contrer l'impôt sur les gains en capital que vous pourriez payer sur un investissement différent qui a bien fonctionné.

Profitez des comptes fiscalement avantageux. Avec les régimes traditionnels et les RER, vos cotisations sont généralement déductibles d'impôt et les retraits sont imposés à la retraite à votre taux d'imposition ordinaire.

Vous pouvez également profiter de l'augmentation de la production de nouvelles maisons et doubler le crédit pour l'achat d'une première maison, ils ont introduit une nouvelle façon d'économiser jusqu'à 40 000 $ sur votre première maison libre d'impôt appelée le compte d'épargne de la première maison libre d'impôt (FHSA).

Étape #6 : Obtenez de l'aide professionnelle

Envisagez de consulter un conseiller financier. Un conseiller expérimenté peut vous aider à vous fixer des objectifs réalistes, à identifier les bons investissements et à vous assurer de rester sur la bonne voie.

Choisissez un conseiller fiduciaire qui est légalement tenu d'agir dans votre meilleur intérêt. Vous pouvez trouver un conseiller par l'entremise d'organisations professionnelles comme la National Association of Personal Financial Advisors ou la Financial Planning Association.

Assurez-vous de poser des questions sur l'expérience et la structure des honoraires du conseiller avant de l'embaucher.

Étape #7 : Restez concentré

Pour s'enrichir, il faut de la discipline et de la concentration. Vous devrez respecter votre budget, épargner de manière agressive et investir judicieusement.

Cela peut également nécessiter des sacrifices à court terme, comme reporter les achats importants ou vivre en deçà de vos moyens.

Rester concentré sur vos objectifs peut vous aider à résister à la tentation et à rester sur la bonne voie. Envisagez de créer un tableau de vision ou d'utiliser d'autres outils pour rester motivé.

Il est également important de se tenir au courant des changements apportés aux lois fiscales, aux stratégies de placement et à d'autres facteurs qui peuvent avoir une incidence sur vos régimes.

Réflexions finales

Devenir riche à 45 ans est un objectif ambitieux, mais ce n'est pas impossible. Cela nécessite une planification minutieuse, une épargne et un investissement diligents, ainsi qu'une volonté d'ajuster votre style de vie. Avec la bonne stratégie et la bonne discipline, vous pouvez profiter d'un mode de vie épanouissant à un âge précoce.

N'oubliez pas de demander des conseils professionnels si nécessaire, de rester concentré sur vos objectifs et de rester informé des changements dans le paysage financier.

Plus important encore, ne perdez pas de vue la situation dans son ensemble :

La liberté et la flexibilité de vivre la vie que vous voulez, selon vos propres conditions.

Mot de la fin

En tant que parent, j'ai toujours été préoccupé par l'avenir financier de mes enfants. Je voulais m'assurer qu'ils ont les outils et les connaissances nécessaires pour construire une structure financière solide et développer des manières financières sages pendant qu'ils sont jeunes, afin qu'ils puissent réussir dans leurs efforts financiers à l'avenir.

Grâce à ma propre expérience et à mes recherches, j'ai appris que le développement de bonnes habitudes financières est essentiel pour atteindre l'indépendance et la sécurité financières.

Mais j'ai aussi réalisé que de nombreux jeunes d'aujourd'hui n'ont pas l'éducation et les conseils financiers nécessaires pour prendre des décisions éclairées au sujet de leur argent.

C'est pourquoi j'ai écrit ce livre. J'espère qu'en partageant mes idées et mes expériences, je peux aider mes enfants et d'autres jeunes lecteurs à jeter des bases solides pour leur avenir financier.

Dans ce livre, j'ai couvert un éventail de sujets, de l'établissement d'un budget et de l'épargne à l'investissement et à l'entrepreneuriat. J'ai offert des conseils pratiques et des astuces, ainsi que des récits personnels pour illustrer l'importance de chaque sujet.

Je crois que l'éducation financière devrait être une priorité pour tous les jeunes, et j'espère que ce livre inspirera et habilitera les lecteurs à prendre le contrôle de leur vie financière.

Mon conseil

En tant que parent, je veux que vous sachiez que l'une des choses les plus importantes que vous puissiez faire pour vous-même est de bâtir une base financière solide. L'argent peut être un outil puissant lorsqu'il est utilisé à bon escient, mais il peut également être une source de stress et d'inquiétude s'il est mal géré.

Je sais que vous êtes jeune, mais il n'est jamais trop tôt pour commencer à en apprendre davantage sur l'argent et comment le faire fonctionner pour vous. En développant de bonnes habitudes maintenant, vous pouvez vous préparer à un avenir financier brillant.

Voici quelques conseils qui, je l'espère, vous aideront en cours de route :

1. Vivez toujours selon vos moyens. Dépensez moins que ce que vous gagnez et évitez de vous endetter inutilement.
2. Économisez régulièrement. Qu'il s'agisse de mettre de côté une partie de votre allocation ou de gagner de l'argent grâce à un emploi à temps partiel, prenez l'habitude de mettre de l'argent de côté pour l'avenir.
3. Investissez judicieusement. Renseignez-vous sur les différentes options de placement et choisissez-en des qui correspondent à vos objectifs financiers et à votre tolérance au risque.
4. Soyez charitable. Redonner à ceux qui sont dans le besoin peut être une expérience enrichissante et peut également vous aider à en apprendre davantage sur l'importance de la générosité.
5. Pratiquez les bonnes manières. Soyez toujours poli et respectueux lorsque vous traitez avec les autres, surtout quand il s'agit d'argent.

N'oubliez pas que l'établissement d'une base financière solide prend du temps et des efforts, mais cela en vaut la peine en fin de compte. Je crois en vous, et je sais qu'avec un travail acharné et du dévouement, vous pouvez réaliser tout ce que vous vous fixez.

Références

Jared Bauman, co-fondateur et PDG de 201 Creative LLC, une agence de marketing numérique.

Daniel Carter, responsable seo de Skuuudle

Francis Locknear, fondateur de TheCostGuys.com

www.ingramcontent.com/pod-product-compliance
Lightning Source LLC
Chambersburg PA
CBHW061704130726
47996CB00006B/2153